Pfälzer Bergland
und Pfälzerwald

Hartmut Schönhöfer

traum touren

Der Band Pfalz West entführt uns in das Nordpfälzer Bergland und in den Pfälzerwald. Einige Touren bieten Abstecher nach Frankreich und in das Saarland. Wir genießen die Natur, wandeln auf den Spuren der Geschichte, erkunden schmucke Ortschaften, erfreuen uns an der guten Küche mit vielen regionalen Spezialitäten und spüren in der Grenzregion den französischen Lebensstil des Savoir-vivre. Die Routen nutzen alte Bahntrassen, folgen Bächen und Flüssen, überwinden aber auch kleine und große Berge. Dank Pedelec/E-Bike lassen sich die meisten Anstiege gut bewältigen, ohne dabei allzu sehr aus der Puste zu geraten.

Für jeden Anspruch ist etwas dabei, von der gemütlichen Feierabendrunde, über die ambitionierte Tagestour bis zum Wochenendausflug, ob alleine, zu zweit oder mit der ganzen Familie. Dabei verknüpft jede Route die schönsten Natur-, Kultur- und Genusserlebnisse und enthält Tipps für besondere Aussichten, Abstecher und Einkehrmöglichkeiten.

ideemedia

Inhalt

Nordpfälzer Bergland

Pfälzerwald

 Familien-Tour  Optional als 2-Tages-Tour

Tipps • Touren • GPS-Tracks
www.wander-touren.com

Nordpfälzer Bergland

Tour 1 Lauter-Odenbach-Runde
Tour 2 Nordpfälzer Höhenradweg
Tour 3 Fritz-Wunderlich-Radweg
Tour 4 Pfälzer-Land-Runde
Tour 5 Saar-Pfalz Höhen- und Tälerrunde

Pfälzerwald

Tour 6 Pfälzer Seentour
Tour 7 Elmsteiner Runde
Tour 8 Südwestpfalz-Runde
Tour 9 Dynamikum-Radweg
Tour 10 Gräfensteiner Land
Tour 11 Burgentour
Tour 12 Seerosentour
Tour 13 Raubrittertour
Tour 14 Biosphärentour
Tour 15 Freundschafts- und Schmuggler-Tour
Tour 16 Hiwwe un Driwwe-Tour

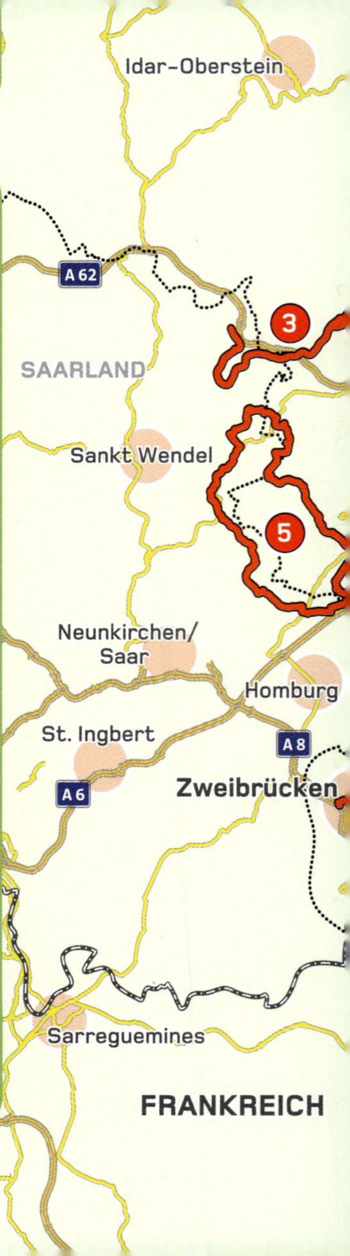

Idar-Oberstein
A 62
3
SAARLAND
Sankt Wendel
5
Neunkirchen/ Saar
Homburg
St. Ingbert
A 8
A 6
Zweibrücken
Sarreguemines
FRANKREICH

Meisenheim
Lauterecken
Rockenhausen
A 63
Wolfstein
1
2
Kusel
RHEINLAND -
PFALZ
Otterberg
A 6
4
Ramstein-
Miesenbach
Kaiserslautern
Bad Dürkheim
6
Landstuhl
A 62
7
Neustadt/
Weinstraße
8
DEUTSCHLAND
10
A 65
Annweiler am
Trifels
9
Pirmasens
11
Landau/
Pfalz
12
Dahn
13
14
15
16
Bitche
N
W
E
S
5 km

Fahr mal hin ...
Neue Entdeckungen mit E-Bike und Bike
Traumtouren E-Bike & Bike

Gut zu wissen

Einige Touren bieten, neben dem im Höhenprofil dargestellten Verlauf, nicht minder schöne kürzere Streckenvarianten. Die Tourenauswahl reicht von „ganz einfach“ bis „richtig sportlich“ und von der Feierabendrunde über die Tagestour bis zum Wochenendausflug.

Die Zeitangaben basieren, unabhängig von der Topografie, auf einer Durchschnittsgeschwindigkeit von 12 km/h. Für Pausen und Besichtigungen sollte man zusätzlich genug Zeit einplanen! Einige Routenabschnitte führen über Feld- und Waldwege. Bei Nässe und während der Holz- und Obsternte kann es dort matschig sein.

Um die Orientierung zu erleichtern, folgen die Strecken möglichst einem (Themen)Radweg oder wechseln von Radweg zu Radweg. Einige nicht beschilderte Passagen lassen sich jedoch, insbesondere bei Abstechern zu Sehenswürdigkeiten, nicht vermeiden. Es empfiehlt sich auf allen Touren der Gebrauch eines Bike-Navis oder Smartphones mit einer geeigneten Navigations-App.

Die Tracks wurden mit einem Garmin GPSmap 62s aufgezeichnet und mit BaseCamp bearbeitet. Der QR-Code auf jeder Tour-Tipps-Seite zeigt beim Scannen mit dem Smartphone den Startpunkt der Tour in Google-Maps an. Über die Routenfunktion kann man sich dann einfach zum Startpunkt navigieren lassen. Weitere Informationen zum Thema GPS finden Sie ab Seite 178 und auf www.wander-touren.com

Die Tour-Tipps wurden sorgfältig recherchiert und überprüft, unterliegen jedoch einem ständigen Wandel. Zur Sicherheit: Bitte bei der Adresse vorab anrufen und online nachschauen!

Viel Spaß und Genuss beim Radeln im Pfälzer Bergland und Pfälzerwald! Allerhopp – auf geht's!

Tipp GPS-Daten

Mit den TourCodes am Ende jeden Kapitels können die Routen als GPX-Track geladen werden. Die Tracks enthalten neben der Route auch die meisten Infos aus den Tour-Tipps. In kostenlosen Programmen (wie BaseCamp) können die Infos reduziert und die Wegstrecken individuell bearbeitet werden. Ausführliche Anleitung siehe Seite 178 ff. und www.wander-touren.com

Zeichen im Buch

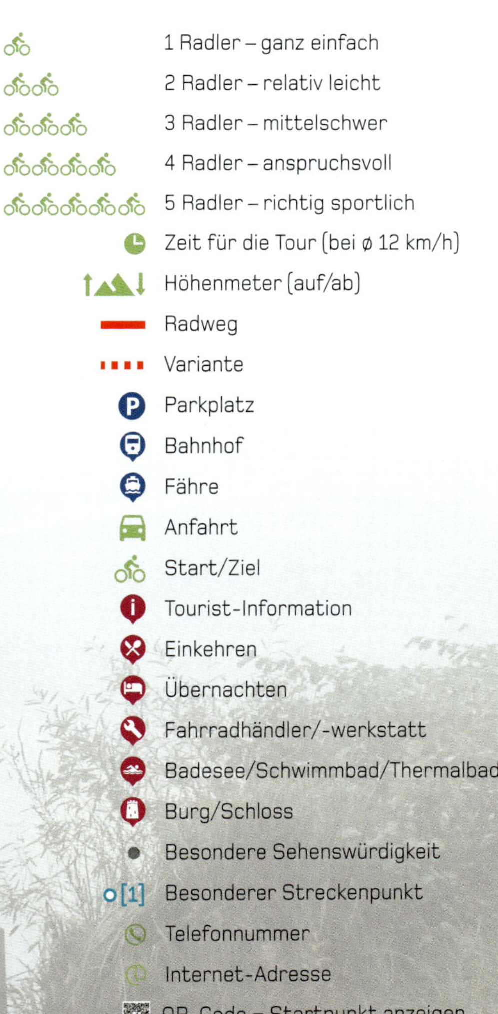

1 Radler – ganz einfach
2 Radler – relativ leicht
3 Radler – mittelschwer
4 Radler – anspruchsvoll
5 Radler – richtig sportlich
Zeit für die Tour (bei ø 12 km/h)
Höhenmeter (auf/ab)
Radweg
Variante
Parkplatz
Bahnhof
Fähre
Anfahrt
Start/Ziel
Tourist-Information
Einkehren
Übernachten
Fahrradhändler/-werkstatt
Badesee/Schwimmbad/Thermalbad
Burg/Schloss
Besondere Sehenswürdigkeit
[1] Besonderer Streckenpunkt
Telefonnummer
Internet-Adresse
QR-Code = Startpunkt anzeigen

Nordpfälzer Bergland

Das Nordpfälzer Bergland beeindruckt mit der Weite seiner Landschaft und bietet eine Vielzahl fantastischer Blicke und Aussichten. Neben unzähligen Hügeln und offenen Höhenzügen prägen kleine Bachläufe, idyllische Flüsse, Wiesen, Felder und kleine Waldgebiete das Landschaftsbild. Der Landstrich liegt abseits des touristischen Trubels und bietet Ruhe und Erholung.

01 Lauter-Odenbach-Runde

Die Tour verbindet 3 Radwege entlang der Flüsse Lauter, Glan und Odenbach. Wer die Strecke inkl. Abstecher nach Meisenheim in Ruhe genießen will, sollte 2 Tage einplanen. Die Kurzstrecke beschränkt sich als Familientour auf den Lauter-Radweg, wobei die Rückfahrt mit der Bahn erfolgt.

Start/Ziel: Bf. Lampertsmühle-Otterbach, Lauterstraße 7, 67731 Otterbach

N 49° 29‘ 01.7“ E 7° 43‘ 46.4“

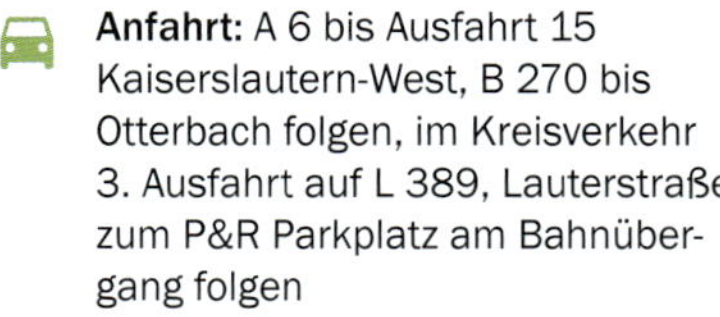

Anfahrt: A 6 bis Ausfahrt 15 Kaiserslautern-West, B 270 bis Otterbach folgen, im Kreisverkehr 3. Ausfahrt auf L 389, Lauterstraße zum P&R Parkplatz am Bahnübergang folgen

Parkplatz: P&R Parkplatz beim Bahnübergang, Nähe Start/Ziel

Zug: Lautertalbahn Kaiserslautern – Lauterecken bis Lampertsmühle-Otterbach (Langstrecke) bzw. Bf. Kaiserslautern-West (Kurzstrecke)

Variante kurz:

34.2 km 2h 50min 382 ↑ ↓ 454

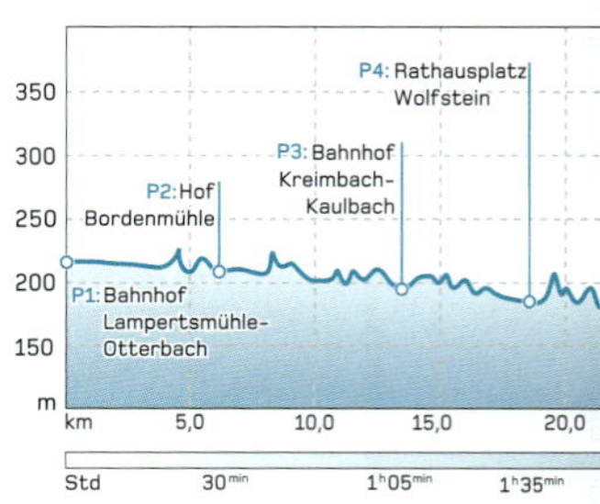

75.6	6h 20min	1000	1000	
km	(Zeit)	↑	↓	Anspruch

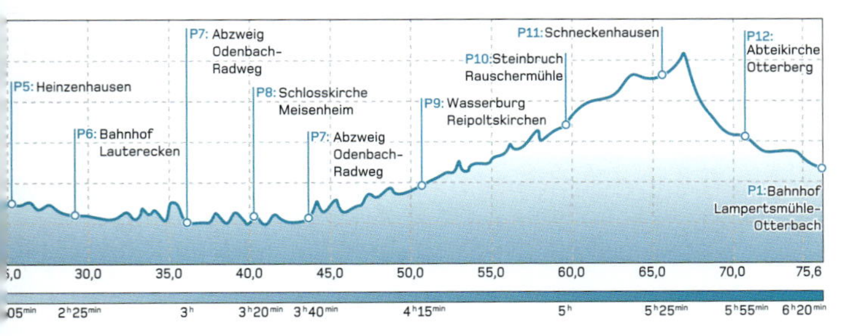

Aufbruch in die Alte Welt

Die Tour bietet die Wahl zwischen der Familienstrecke (Kurzstrecke) und der Rundstrecke (Langstrecke) entlang der Flüsse Lauter, Glan und Odenbach. Die Rundstrecke ist zwar an einem Tag zu bewältigen, entspannter ist es jedoch, zwei Tage einzuplanen und in Meisenheim zu übernachten.

*Die **Kurzstrecke** beschränkt sich auf den Lauter-Radweg. Als Einstieg empfiehlt sich der Bahnhof Kaiserslautern-West oder der Bahnhof Lampertsmühle-Otterbach. Vom Gartenschaugelände beim Bahnhof Kaiserslautern-West zieht sich der Radweg in Fluss- und Eisenbahnnähe durch das Lautertal bis zur Endstation der Lautertalbahn am Bahnhof Lauterecken. Die Rückfahrt erfolgt mit der Bahn.*

Die Rundstrecke beginnt am **Bahnhof Lampertsmühle-Otterbach (P 1)**. Rund 300 Meter vom Bahnhof entfernt können wir nach dem P&R Parkplatz die Bahnlinie überqueren und treffen beim Museum Stellwerk (Öffnungszeiten siehe www.otterbach-otterberg.de) auf den Lauter-Radweg. Entlang der Bahngleise geht es im weiten Tal der Lauter nach Katzweiler, wo wir an der Bonanza Ranch, einem Pferdehof mit Biergarten, vorbeikommen.

Anschließend passieren wir den **Hof Bordenmühle (P 2)** mit einem Hofladen und der Forellenzucht Schneider (PS: Bei der Durchfahrt besonders aufpassen und ggf. absteigen). Der Lauter-Radweg führt teils über unbeschrankte Bahnübergänge, bei denen besondere Vorsicht geboten ist. Nach Sulzbachtal begleitet der Radweg die B 270 zum Ortsrand von Olsbrücken.

Den Ort selbst umfahren wir vorbei an Sportplatz und Bahnhof. Nach einer weiteren Passage entlang der B 270 streift die Route die Ortsgemeinde Kreimbach-Kaulbach. Den Blick bestimmt der stillgelegte Steinbruch am Rand des Ortes. Das Gelände soll künftig als Deponie genutzt werden. Nach dem **Bahnhof Kreimbach-Kaulbach (P 3)** verengt sich das Tal, ehe wir einen der Hauptorte des Lautertals erreichen.

P4
18.5 km
1h 35min

In Wolfstein lohnt sich ein Abstecher in die Altstadt. Am Rathausplatz (P 4) mit der evangelischen Kirche und dem barocken Rathaus besteht die Möglichkeit zur Einkehr. Über der Stadt thront die Burgruine Neu-Wolfstein. Der Anstieg über die Schlossgasse zur Burgruine (PS: Der Abstecher ist nicht im Track aufgenommen) ist mit einem E-Bike/Pedelec keine besondere Herausforderung. Für die Mühe werden wir mit einem fantastischen Blick auf Wolfstein und das Lautertal belohnt.

Zurück auf dem Radweg haben wir am Ortsende einen schönen Blick zum Bergfried der Burgruine Alt-Wolfstein. Nach Oberweiler-Tiefenbach zieren einige Sandsteinfelsen die bewaldeten Hänge des eng eingeschnittenen Tals. Besonders reizvoll ist die Landschaft während der Laubfärbung im Herbst. Nach Heinzenhausen (P 5) wechseln wir die Flussseite, ehe die historische Steinbrücke über die Lauter am Ortseingang von Lauterecken einen besonderen Blickfang bietet.

P5
25.4 km
2h 05min

Lauterecken liegt am Zusammenfluss von Lauter und Glan. Die Stadt war Residenz der Grafen von Pfalz-Veldenz. Ein Zeugnis dieser Zeit ist das Schloss Lauterecken. Das Schmuckstück der Stadt wurde 2018 nach umfangreicher Sanierung neu eingeweiht. Der Lauter-Radweg endet am Bahnhof Lauterecken (P 6). Wer sich für die Kurzstrecke entscheidet, nutzt die Bahn für die Rückfahrt.

P6
29.3 km
2h 25min

Zwischen Altenglan und Staudernheim wird die Trasse der ehemaligen Glantalbahn als Draisinenstrecke genutzt. Über die Tourist-Info Pfälzer Bergland (www.pfaelzerbergland.de) kann man Draisinen buchen. Parallel zur Draisinenstrecke verläuft der Glan-Blies-Radweg, dem wir ab Lauterecken folgen. Der Streckenabschnitt über Medard nach Odenbach ist barrierefrei ausgebaut. Beim Abzweig des Odenbach-Radwegs (P 7) können wir gleich ins Odenbachtal abbiegen oder einen Abstecher ins 4 km entfernte Meisenheim unternehmen.

P7
35.8 km
3h

Der Abstecher lohnt sich besonders, wenn wir in Meisenheim übernachten und uns für die Tour zwei Tage Zeit nehmen. Am Ortsrand von Meisenheim biegen wir zur Draisinenstrecke ab und fahren neben den Bahngleisen durch den Meisenheimer

Burgruine Neu-Wolfstein

Rathausplatz Wolfstein

Lauterecken

Blick auf Wolfstein

Tunnel. Vom ehemaligen Bahnhof geht es in die Altstadt. Meisenheim ist von Kriegen und größeren Katastrophen verschont geblieben und beeindruckt mit seiner Fachwerkpracht. Zur Übernachtung bietet sich u.a. der Meisenheimer Hof an. Nach dem Stadtbummel verlassen wir das „Rothenburg im Glantal" an der Schlosskirche (P 8) und fahren zurück nach Odenbach.

P8
40.3 km
3h 20min

P7
43.8 km
3h 40min

Am Abzweig des Odenbach-Radwegs (P 7) biegen wir ins Odenbachtal ab. Nun beginnt ein knapp 25 km langer, sanfter Anstieg auf die Hochfläche des Nordpfälzer Berglands. Die Region zwischen den Flusstälern von Glan, Lauter und Alsenz wird auch „Alte Welt" genannt. Der Name stammt vermutlich aus der Zeit des Eisenbahnbaus im 19. Jahrhundert, als entlang der Flüsse Bahnlinien gebaut wurden. Das Gebiet dazwischen, die „Alte Welt", blieb ohne Bahnverbindung und war damit der Welt etwas entrückt.

P9
50.6 km
4h 15min

Der Radweg ist bis zur Wasserburg Reipoltskirchen (P 9) barrierefrei angelegt. Die liebevoll renovierte Burganlage mit Restaurant und Malschule stammt aus dem 12. Jahrhundert. Nicht verpassen sollten wir die Besteigung des ganzjährig frei zugängigen Bergfrieds über eine abenteuerliche

Fachwerk in Meisenheim

„Hühnerleiter". Von oben bietet sich eine herrliche Aussicht auf Reipoltskirchen und das Umland. Anschließend lohnt sich ein Rundgang auf dem Skulpturenweg, der um die Wasserburg herumführt.

Mit Blick auf die weitläufige Hügellandschaft radeln wir am archäologischen Denkmal einer Villa Rustica vorbei zum Ingweilerhof. Im 13. Jahrhundert befand sich hier die Burg Ingweiler, heute ist in der Hofanlage ein Seniorenzentrum untergebracht. Weiter geht es durch Hefersweiler und Niederkirchen, ehe sich am **Steinbruch Rauschermühle (P 10)** der nächste Stopp lohnt. Der stillgelegte Steinbruch ist ein geschütztes Biotop und bekannt für seine Mineralienfunde.

P10
59.8 km
5h

Da der Radweg entlang der L 382 durch freie Feld- und Wiesenfläche führt, fährt man die Tour am besten an einem windstillen Tag. Über Schallodenbach gelangen wir nach **Schneckenhausen (P 11)**, wo der Odenbach südlich des Ortes beim Sonnenhof entspringt. Der Anstieg ist fast bewältigt, es fehlen noch ein Paar Höhenmeter bis zum höchsten Punkt der Strecke. Anschließend können wir uns auf eine herrliche Abfahrt freuen.

P11
65.4 km
5h 25min

Blick auf Reipoltskirchen

P12
71,1 km
5h 55min

Beim Überqueren der L 382 ist Vorsicht geboten, ehe wir nach zwei malerisch gelegenen Weihern auf Otterberg zusteuern. Highlight der Stadt ist die eindrucksvolle **Abteikirche (P 12)**. In Rheinland-Pfalz wird das Gotteshaus hinsichtlich seiner Größe nur vom Speyerer Dom übertroffen. Die romanische Kirche geht zurück auf die ehemalige Zisterzienserabtei Otterberg und wird heute als Simultankirche von der evangelischen und katholischen Gemeinde genutzt. Im Inneren beeindruckt die Kirche mit ihrer Schlichtheit, was typisch für Zisterzienserbauten ist.

Abteikirche Otterberg

Heiliger Bernhard

Lohnenswert ist der beschilderte Rundweg durch den historischen Stadtkern. Mit seinem reichen gastronomischen Angebot ist Otterberg zudem prädestiniert für einen Einkehrstopp. Die letzten Kilometer im Wiesental des Otterbachs sind ideal zum Ausrollen. Die Strecke verläuft teilweise auf einem Bahntrassenradweg und verbindet Otterberg mit Otterbach abseits des Straßenverkehrs. Am **Bahnhof Lampertsmühle-Otterbach (P 1/Ziel)** endet unsere Rundtour durch die „Alte Welt“.

Brunnenstein am Kirchplatz

Als Kurzstrecke eine Familien- und Genusstour, bei der die Rückfahrt mit der Bahn erfolgt. Die Rundstrecke bietet herrliche Natur-, Kultur- und Genusserlebnisse mit vielen Passagen zum gemütlichen Dahinrollen. Wer entspannt unterwegs sein will, sollte 2 Tage einplanen.

TourTipps

- Tourist-Info Meisenheim, Untergasse 16, 55590 Meisenheim, 06751/811173, www.stadt-meisenheim.de
- Tourist-Info Otterberg (im Alten Stadthaus), Hauptstraße 54, 67697 Otterberg, 06301/607800, www.otterberg.de

- Bonanza Ranch, Alte Brücke 4, 67734 Katzweiler, 06301/8164, www.bonanzaranch.de
- P4 Landgasthof Hotel Maximo am Königsberg, Am Ring 52, 67752 Wolfstein, 06304/274
- Pizzeria Gelateria La Piazzetta, Am Rathausplatz 2-3, 67752 Wolfstein, 06304/9927665
- Reckweilerhof, Reckweilerhof 8, 67752 Wolfstein-Reckweilerhof, 06304/618, www.reckweilerhof.de
- Hotel Pfälzer Hof, Hauptstraße 12, 67742 Lauterecken, 06382/7338, www.pfaelzer-hof.de
- Adria Eiscafé, Hauptstraße 5, 67742 Lauterecken, 06382/7309
- P6 Brauhaus Lauterecken, Bahnhofstraße 1, 67742 Lauterecken, 06382/8588, www.brauhaus-lauterecken.de
- Meisenheimer Hof, Obergasse 33, 55590 Meisenheim, 06753/1237780, www.meisenheimer-hof.de
- Café Meisentörtchen, Klenkertor 11, 55590 Meisenheim, 06753/1237780, www.meisenheimer-hof.de (P8)
- Bierengel Meisenheim, Klenkertor 6, 55590 Meisenheim, 06753/124734, www.bierengel-meisenheim.de
- Gelateria Gamba Eissalon, Rapportierplatz 16, 55590 Meisenheim, 06753/4643
- Brauhaus Meisenheim, Obertor 15, 55590 Meisenheim, 06753/4683, www.brauhaus-meisenheim.de
- P9 Restaurant Plaisir in der Wasserburg Reipoltskirchen, Schlossstraße 1, 67753 Reipoltskirchen, 06364/1756997, www.plaisir-wasserburg.de
- Gastronomie in Otterberg siehe Tour 2

- Birro Rad-Lager, Roßbacher Straße 21, 67752 Wolfstein-Roßbach, 06304/639, www.birro-rad-lager.de

- Freibad Königsberg, Am Schwimmbad, 67752 Wolfstein, 06304/7808, www.vg-lw.de
- Naturfreibad Otterberg, Schwimmbad 3, 67697 Otterberg, 06301/7185682, www.otterberg.de

Tour Download: **BT816X1** (für GPS-Geräte)

Startpunkte finden mit scan to go®

02 Nordpfälzer Höhenradweg

Zwischen Otterberg und Wolfstein geht es bergauf bergab durch das Nordpfälzer Bergland mit Höhepunkten wie der begehbaren Sonnenuhr auf dem Reiserberg, der Burgruine Alt-Wolfstein oder der Abteikirche Otterberg. Die Kurzstrecke spart einen Anstieg und beginnt in Wolfstein.

Start/Ziel: Abteikirche Otterberg, Kirchstraße 3, 67697 Otterberg

N 49° 30' 11.0" E 7° 46' 24.5"

Anfahrt: A 6 bis Ausfahrt 15 Kaiserslautern-West, B 270 bis Otterbach folgen, im Kreisverkehr 3. Ausfahrt auf L 389, L 389 und L 387 nach Otterberg folgen, in Otterberg rechts auf Parkplatz Stadthalle abbiegen

Parkplatz: Parkplatz Stadthalle, Hauptstraße 28, 67697 Otterberg

Zug: Lautertalbahn Kaiserslautern – Lauterecken bis Lampertsmühle-Otterbach. 500 Meter bis Naturerlebnisspielplatz Ottertal folgen *Alternativ:* Bahnhof Wolfstein (Start der Kurzstrecke)

Variante kurz:

54.2 km | 4h 30min | 1300 ↑ ↓ 1300

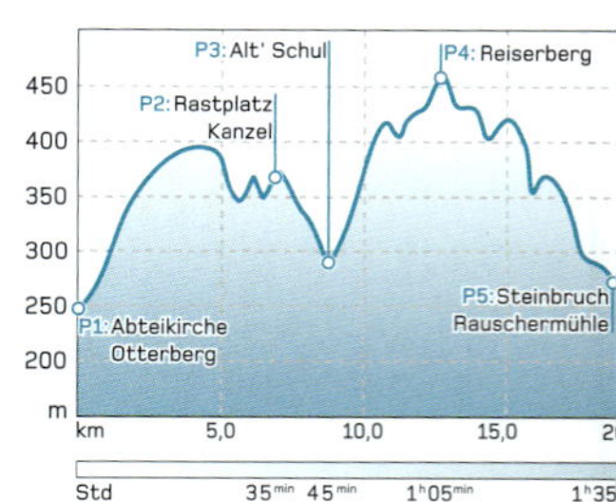

67.6 km | 5h 40min | 1515 ↑ | 1515 ↓ | Anspruch

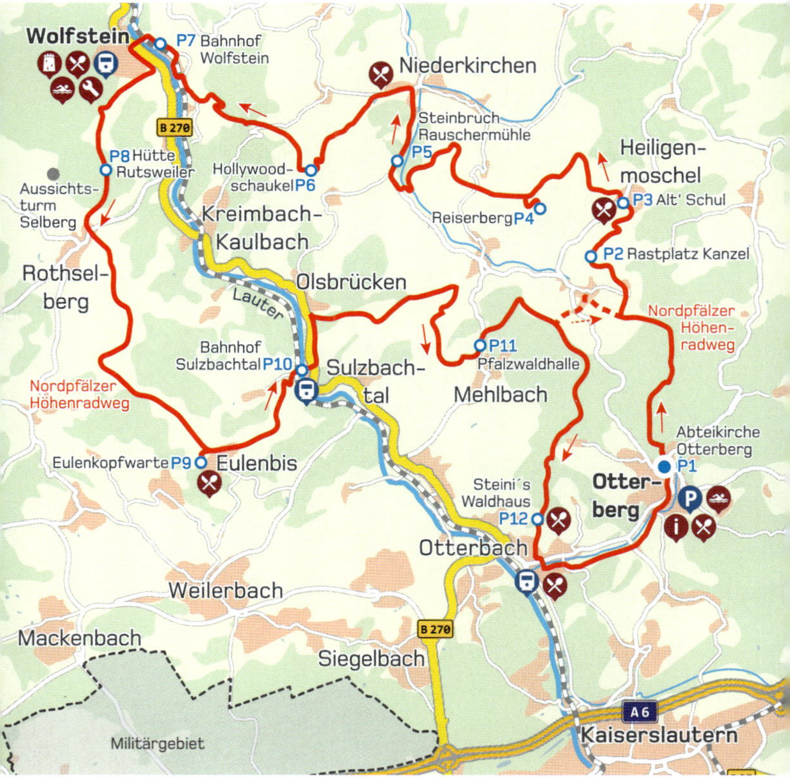

Wolfstein
P7 Bahnhof Wolfstein
Niederkirchen
B 270
Steinbruch Rauschermühle
P5
Heiligen-moschel
P8 Hütte Rutsweiler
Hollywood-schaukel P6
Aussichts-turm Selberg
Kreimbach-Kaulbach
Reiserberg P4
P3 Alt' Schul
P2 Rastplatz Kanzel
Rothsel-berg
Olsbrücken
Lauter
Nordpfälzer Höhen-radweg
P11 Pfalzwaldhalle
Bahnhof Sulzbachtal P10
Sulzbach-tal
Mehlbach
Nordpfälzer Höhenradweg
Abteikirche Otterberg
P1
Eulenkopfwarte P9
Eulenbis
Otter-berg
Steini´s Waldhaus
P12
Otterbach
Weilerbach
Mackenbach
B 270
Siegelbach
A 6
Militärgebiet
Kaiserslautern

P6: Hollywoodschaukel
P7: Bahnhof Wolfstein
P8: Hütte Rutsweiler
P9: Eulenkopfwarte
P10: Bahnhof Sulzbachtal
P11: Pfalzwaldhalle
P12: Steini´s Waldhaus
P1: Abteikirche Otterberg
25,0
30,0
35,0
40,0
45,0
50,0
55,0
60,0
65,0
67,6
2h
2h30min
2h50min
3h35min
3h55min
4h35min
5h10min
5h40min

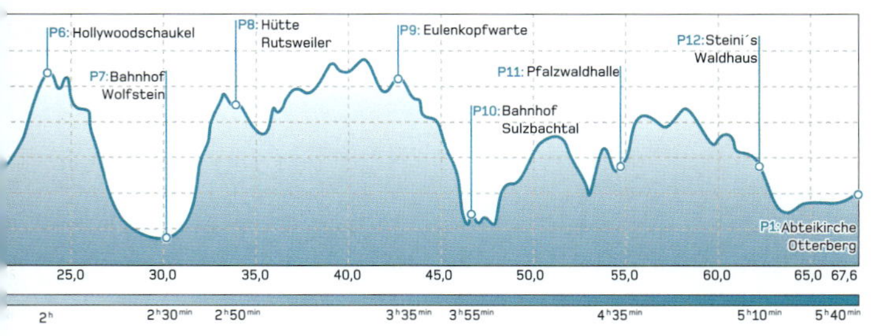

Der Sonne entgegen

Während die Lauter-Odenbach-Runde (Tour 1) im Tal den Flüssen Lauter, Glan und Odenbach folgt, lässt der Nordpfälzer Höhenradweg „gefühlt" keinen Hügel aus und macht seinem Namen alle Ehre. Der Höhenradweg wurde als E-Bike-Rundtour konzipiert. Aufgrund der Höhenmeter, der Streckenlänge und der wechselnden Beläge (neben Asphalt, Feld- und Waldwegen auch sandige und geschotterte Passagen) handelt es sich um eine „richtig sportliche" Tour. Insbesondere in den steilen Anstiegen ist man für ein E-Bike/Pedelec dankbar. Wer gemütlicher unterwegs sein will, teilt die Strecke auf zwei Tage auf. So bleibt mehr Zeit für Abstecher und Besichtigungen.

Los geht es im Zentrum von Otterberg vor der mächtigen **Abteikirche (P 1)**. Für die Besichtigung der Sehenswürdigkeiten des Städtchens nehmen wir uns am Ende Zeit. Der erste Anstieg beginnt am Ortsrand von Otterberg. Wir strampeln auf dem Neuweg zum Verkehrsübungsplatz, ehe die Nordpfälzer Höhentour in ein weitläufiges Waldgebiet abzweigt.

P1
Start

Nach einer Schutzhütte befindet sich ein paar Meter vom Radweg entfernt ein rund 3000 Jahre alter Hinkelstein. Am Waldrand angekommen, liegt die beeindruckende Hügellandschaft des Nordpfälzer Berglands vor uns. Nach dem Horterhof führt die Strecke um den Hundsbuckel herum. An der Kanzel lädt ein **Rastplatz (P 2)** zum Verweilen ein. Ein herrliches Plätzchen!

P2
6.8 km
35 min

Auf der kurvenreichen Abfahrt nach Heiligenmoschel muss man besonders bei Nässe aufpassen. Das in der Ortsmitte gelegene **Gasthaus Alt' Schul (P 3)** bietet eine erste Einkehrgelegenheit. Wer rechts abzweigt, kann der Barockkirche einen Besuch abstatten (Achtung: nicht im Track aufgenommen). Heiligenmoschel befindet sich am Fuß des Reiserbergs.

P3
8.6 km
45 min

Rastplatz Kanzel

Vor uns liegt der nächste schweißtreibende Anstieg. Im offenen Gelände kurbeln wir den Hang hinauf und können von einem Rastplatz den Blick zum Donnersberg, dem höchsten Berg der Pfalz, genießen, ehe der Radweg im Halbkreis den Heimkirchner Berg umrundet.

P4
12.6 km
1h 05min

Auf der Hochfläche angekommen, zweigt ein 500 Meter langer Stichweg zum „Gipfel" des Reiserbergs (P 4) ab. Die Mühe sollte man unbedingt auf sich nehmen und zu dem Höhepunkt der Tour hinaufstrampeln. Als besonderes Highlight wurde auf dem Berg eine begehbare Sonnenuhr errichtet.

Mithilfe des Schattenwurfs ist die Uhrzeit anhand von zwölf Steinobelisken ablesbar. Zudem werden wir mit einer spektakulären Rundumsicht belohnt. In einem Kühlschrank warten gegen Bezahlung kalte Getränke. Ein toller Service! Für Wanderer führt der Planetenweg zu dem „Stonehenge der Pfalz" auf dem Reiserberg.

Da die Strecke mit vielen Aussichtspunkten aufwartet, empfiehlt es sich, die Tour an einem sonnigen Tag mit guter Fernsicht zu unternehmen. Zudem sollte es möglichst windstill sein. Nicht umsonst befinden sich auf den freien Hochflächen mehrere Windräder. Zurück auf dem Sattel passieren wir die Erhebung Elkenknopf, dem sich eine steile Abfahrt ins Odenbachtal anschließt. Hier stoßen wir auf den Odenbach-Radweg und folgen der L 382 zum Steinbruch Rauschermühle (P 5).

P5
18.6 km
1h 35min

Niederkirchen verfügt über mehrere Verpflegungsmöglichkeiten, ehe der nächste Anstieg beginnt. Aus dem Odenbachtal führt der Weg am Hang des Bornbergs auf einen Bergrücken, wo eine hölzerne Hollywoodschaukel (P 6) dazu einlädt, das Panorama sanft schwingend zu genießen und die Seele baumeln zu lassen.

P6
23.7 km
2h

Auf die Landschaftsschau folgt die steile Abfahrt nach Rossbach im Lautertal. Hier trifft der Pfälzer Höhenradweg auf den im Tal verlaufenden Lauter-Radweg. Entlang der Eisenbahnlinie rollen wir zum Bahnhof Wolfstein (P 7) und gelangen zum Rathausplatz in der Altstadt mit mehreren Einkehrgelegenheiten.

P7
30.1 km
2h 30min

Traumliege auf dem Reiserberg

Die begehbare Sonnenuhr

Variante kurz

PS: Da die ***Kurzstrecke*** *auf Otterbach und Otterberg verzichtet, bietet sich der Bahnhof Wolfstein als Start der* ***Kurzstrecke*** *an.*

Ein lohnender Abstecher (Achtung: nicht im Track aufgenommen) führt zur Burgruine Neu-Wolfstein mit einem herrlichen Blick über die Stadt. Die Burgruine ist neben dem Reiserberg auf dem Radweglogo abgebildet. Die Altstadt besteht zwar nur aus ein paar Häuserzeilen, dennoch sollten wir nicht auf einen kurzen Stadtbummel verzichten. Wer die Tour auf zwei Tage aufteilt, kann im Landgasthof Hotel Maximo oder in der Königsland-Jugendherberge Wolfstein übernachten.

Am Ortsrand kommen wir am Besichtigungs-Kalkbergwerk vorbei und können an Sonn- und Feiertagen (Öffnungszeiten siehe www.kalkbergwerk.com) mit einer alten Grubenbahn in die Welt unter Tage einfahren. Die Jugendherberge Wolfstein liegt malerisch am Hang des Königsbergs. Der Radweg nutzt die steile Zufahrt. Nach dem Abzweig zur Jugendherberge setzt sich der kraftraubende Anstieg fort. Über eine Hügelkuppe hinweg erreichen wir die sonntags bewirtschaftete Pfälzerwald-Verein **Hütte Rutsweiler (P 8)**.

P8
33.8 km
2h 50min

Die Hütte liegt am Hang des bewaldeten Selbergs, an dessen Flanke sich der Radweg entlangzieht. Ein 2,5 km langer Abzweig (Achtung: nicht im Track aufgenommen) mit 7 Prozent Steigung führt zum Selberg hinauf. Die Selberghütte ist jedoch nur an einzelnen Tagen bewirtschaftet. Ein altehrwürdiger Aussichtsturm überragt die Baumwipfel und bietet einen herrlichen Panoramablick. Insbesondere mit E-Bike und bei genug Zeit lohnt sich der Ausflug auf den Selberg.

Der Nordpfälzer Höhenradweg quert sodann bei Rothselberg die L 370, bevor der besonders im unteren Bereich sehr steile Anstieg zum Galgenberg beginnt. Wald, Wiesen, Äcker, Streuobstbestände, dazu viele Windräder – das Panorama auf der Hochfläche sucht seinesgleichen. Am Ortsrand von Eulenbis angekommen, lohnt sich ein Abstecher zum Wahrzeichen des Ortes, der **Eulenkopfwarte (P 9)**, und dem freitagabends geöffneten Vereinsheim Eulenkopf.

P9
42.7 km
3h 35min

Schaukeln und genießen

Steinbruch Rauschermühle

Rathausplatz Wolfstein

Herrlicher Weitblick

P10
46.6 km
3h 55min

Der 1913/1914 gebaute Turm verfügt seit 2007 über das höchstgelegene Trauzimmer der Pfalz. Die Aussicht von der ehemaligen Bergwarte ist spektakulär. Eulenbis ist das Dorf des Beerewei(n)s, der aus einer lokalen Birnensorte hergestellt wird. Über die Goldgrabenhöhe rollen wir sodann ins Lautertal hinab. Nach dem **Bahnhof Sulzbachtal (P 10)** führt der Radweg neben der B 270 zum Ortsrand von Olsbrücken, wo wir den nächsten Anstieg in Angriff nehmen.

P11
54.8 km
4h 35min

Der Nordpfälzer Höhenradweg zieht sich über Acker- und Wiesenflächen auf die Hochfläche, ehe er vor Schallodenbach nach Süden abknickt. Nach einer Wiesenabfahrt umkurven wir den Roßrück und passieren am Ortsrand von Mehlbach die **Pfalzwaldhalle (P 11)**. Nun liegt eine letzte Steigung vor uns. Die Route durchquert ein Waldgebiet, ehe wir am Waldrand auf den Abzweig nach Schneckenhausen treffen.

Wer die Tour in Wolfstein begonnen und sich für die ***Kurzstrecke*** *entschieden hat, kann den Pfälzer Höhenradweg auf einer beschilderten Querspange über Schneckenhausen in Richtung Horterhof abkürzen.*

Hinauf zur Juhe

Über die Hochfläche

Der Selbergturm

Auf der Langstrecke geht es zurück in den Wald und auf teils holprigen Waldwegen mit rotem Sand- und Lehmboden vorbei an einem markanten Steinkreuz zum bewirtschafteten Pfälzerwald Verein (Steini's) Waldhaus „Im Himmelreich" (P 12). Achtung, bei Nässe und speziell während der Holzernte können die Waldwege ausgefahren und matschig sein.

P12
62.2 km
5h 10min

Nach einer Verschnaufpause rollen wir den Hang hinab und durchqueren Otterbach. Beim Naturerlebnisspielplatz Ottertal quert der Radweg den Otterbach und nutzt die Trasse der ehemaligen Bahnlinie durch den Wiesengrund nach Otterberg. Zurück am Start, der Abteikirche Otterberg (P 1/Ziel), lohnt sich ein Rundgang durch die Altstadt mit einer reichen Auswahl an prima Einkehrgelegenheiten.

P1/Ziel
67.6 km
5h 40min

Otterberg ist auch als Wallonenstadt bekannt. In der Reformationszeit siedelten sich aus der Wallonie vertriebene Calvinisten in Otterberg an. Nach Verleihung der Stadtrechte 1581 erlebte Otterberg eine Blütezeit, deren sichtbarer Ausdruck zahlreiche Fachwerkhäuser sind.

Eulenkopfwarte

Wo früher Züge fuhren

Blick zum Selberg

Hotel Blaues Haus in Otterberg

Fazit

Traumhaft schön, aber richtig sportlich. Eine anspruchsvolle Berg- und Talfahrt im Nordpfälzer Bergland, prädestiniert für ein Pedelec/E-Bike. Die herrlichen Panoramablicke verdienen schönes Wetter und gute Fernsicht. Wer sich Zeit lassen möchte, sollte zwei Tage einplanen.

Tour Tipps

- Tourist-Info Otterberg (im Alten Stadthaus), Hauptstraße 54, 67697 Otterberg, 06301/607800, www.otterberg.de

- Alt' Schul, Römerstraße 4, 67699 Heilgenmoschel, 06363/9947766
- Restaurant Westpfalzhalle, Sport- und Freizeitzentrum 2,
P7 67700 Niederkirchen, 06363/1227, www.westpfalzhalle.de
- Landgasthof Hotel Maximo am Königsberg, Am Ring 52, 67752 Wolfstein, 06304/274
- Pizzeria Gelateria La Piazzetta, Am Rathausplatz 2-3, 67752 Wolfstein, 06304/9927665
- Jugendherberge Wolfstein, Röther Weg 24, 67752 Wolfstein, 06304/1408, www.jugendherberge.de
- P8 Pfälzerwald-Verein-Hütte Rutsweiler, 67752 Rutsweiler
- Panorama-Gasthof Stemler, Emmerwiesenhof, 67685 Eulenbis,
P9 06374/4030, www.fewo-stemler.de
- P12 Pfälzerwald-Verein-Waldhaus „Im Himmelreich", 67731 Otterbach, 0175/4526739, www.steinis-waldhaus.de
- Gourmet Restaurant Kipperhof, Hauptstraße 12, 67731 Otterbach, 06301/7965570, www.kipperhof.de
- Barbarossa-Bäckerei, Hauptstraße 35, 67697 Otterberg, 06301/1706, www.barbarossa-baeckerei.de
- Hotel & Restaurant Blaues Haus, Kirchstraße 2, 67697 Otterberg, 06301/3890605, www.hotel-blaueshaus.de
- Alte Apotheke, Hauptstraße 61, 67697 Otterberg, 06301/7987550, www.alte-apotheke-otterberg.de
- Metzgerei & Gasthaus Kraus, Johannisstraße 6, 67697 Otterberg, 06301/31977, www.metzgerei-kraus.com
- Wallonenhof, Schwimmbad 1, 67697 Otterberg, 06301/6010333, www.wallonenhof.de

- Birro Rad-Lager, Roßbacher Straße 21, 67752 Wolfstein-Roßbach, 06304/639, www.birro-rad-lager.de

- Naturfreibad Otterberg, Schwimmbad 3, 67697 Otterberg, 06301/7185682, www.otterberg.de
- Freibad Königsberg, Am Schwimmbad, 67752 Wolfstein, 06304/7808, www.vg-lw.de

Tour Download: **BT815X2** (für GPS-Geräte)

Startpunkte finden mit scan to go®

03 Fritz-Wunderlich-Radweg

Der Fritz-Wunderlich-Radweg führt als Familienradweg auf einer ehemaligen Bahntrasse von Kusel nach Freisen. Die Rückfahrt erfolgt auf dem Hinweg, ist deshalb aber nicht minder interessant. Die Langstrecke bindet zusätzlich den Radweg Rund um Burg Lichtenberg in die Tour ein.

Start/Ziel: Bahnhof Kusel, Bahnhofstraße 65, 66869 Kusel

N 49° 32‘ 17.3“ E 7° 24‘ 37.0“

Anfahrt: A 62 bis Ausfahrt 7 Kusel, B 420 nach Kusel, nach dem Kreisverkehr auf den Parkplatz am großen Kreisel abbiegen

Parkplatz: Parkplatz am großen Kreisel, Glanstraße 4, 66869 Kusel (direkt am Fritz-Wunderlich-Radweg)

Zug: Bahnstrecke (Steinbahn) Landstuhl - Kusel bis Bf. Kusel

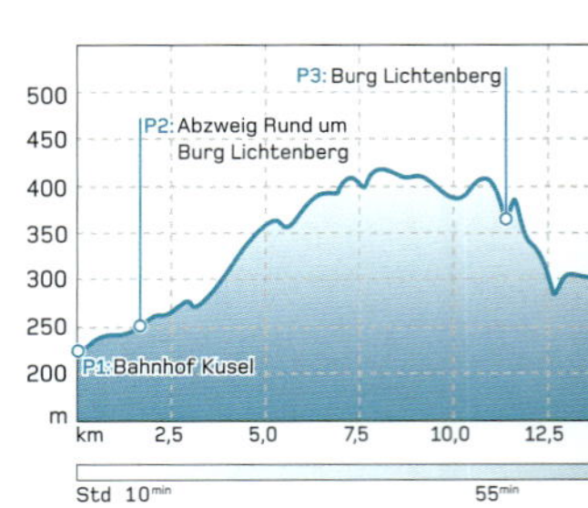

Variante kurz:

41.6 km 3h 30min 710 ↑ ↓ 710

49.5 km	4h 10min	915 ↑	915 ↓	Anspruch

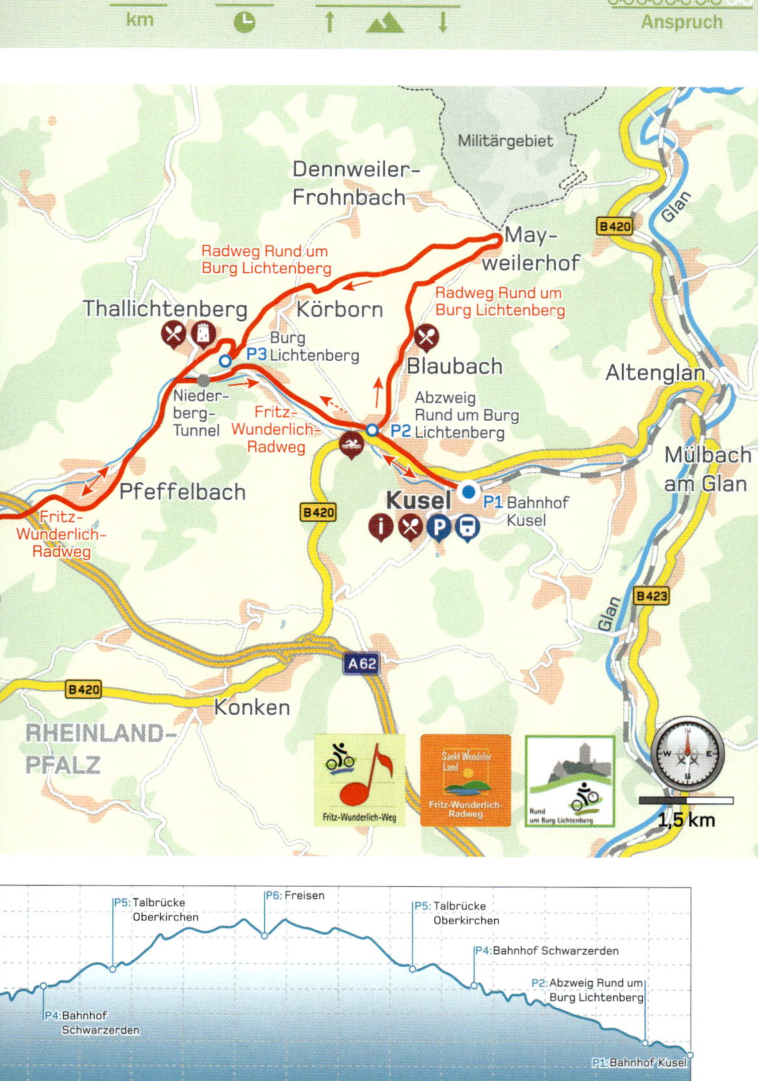

03

Hier ist Musik drin

Die Tour beginnt an der Endstation der Bahnlinie Landstuhl – Kusel. Die Fortsetzung der Strecke nach Türkismühle, die sogenannte Westrichbahn, wurde stillgelegt und die Bahntrasse in einen Radweg umgewandelt. Der Fritz-Wunderlich-Radweg ist ein Bahntrassenradweg, der „grenzüberschreitend" Rheinland-Pfalz und das Saarland verbindet und von Kusel nach Freisen führt. Der Wechsel von einem Bundesland in ein anderes bringt die Besonderheit mit sich, dass das Logo des Fritz-Wunderlich-Radwegs je nach Bundesland anders gestaltet ist.

P1
Start

Vom Bahnhof Kusel (P 1) führt der Fritz-Wunderlich-Radweg auf die Bahntrasse, die sich an einem Hang mit Blick auf das Zentrum von Kusel entlangzieht. Der Radweg ist nach dem 1930 in Kusel geborenen Tenor Fritz Wunderlich benannt. Der berühmte Opernsänger starb 1965 im Alter von nur 35 Jahren an den Folgen eines tragischen Treppensturzes.

Touristisch ist die Region als Kuseler Musikantenland bekannt. Die Gegend im äußersten Nordwesten der Pfalz galt immer als vergleichsweise arm. Karge Böden brachten wenig Ertrag, die Infrastruktur war schlecht, und es fehlte an Industrie und Arbeitsplätzen. So wundert es nicht, dass viele Bewohner auswanderten. Unter den Emigranten gelangten die Wandermusikanten zur größten Bekanntheit. Ab 1830 bildeten sich Blaskapellen, die durch die Gegend zogen und mit ihrem Einkommen die Familien zu Hause unterstützten. Im Stadtteil Diedelkopf zweigt der Radweg Rund um Burg Lichtenberg (P 2) ab und stellt uns vor die Wahl, ob wir die Kurz- oder Langstrecke fahren.

P2
1.8 km
10 min

Burg Lichtenberg

Die Kurzstrecke folgt im Tal dem Fritz-Wunderlich-Radweg und eignet sich besonders gut für Familien, da die Route kaum Kreuzungspunkte mit Straßen aufweist.

Die Langstrecke bindet durch eine Schleife Burg Lichtenberg in die Tour ein. Wir radeln von Diedelkopf nach Blaubach. Auf die Ortschaft folgt ein steiler Anstieg an einem Wiesenhang mit Baum- und Streuobstbeständen. Hier lohnt sich ein E-Bike/Pedelec. Auf Feld- und Wiesenwegen erklimmen wir die Anhöhe, treffen auf die K 22 und erreichen die Siedlung Mayweilerhof. Der Radweg zieht sich nun auf einer alten Römerstraße, die nach Regenfällen matschig sein kann, über die Hochfläche nach Körborn.

P3
11.4 km
55 min

Nach dem ersten Blick auf den imposanten Bergfried von Burg Lichtenberg ist es nicht mehr weit zur Burganlage. Für den Besuch von Burg Lichtenberg (P 3) sollte man genug Zeit einplanen. Die Anlage zählt zu den größten Burgruinen Deutschlands. Der Zugang erfolgt durch drei Burgtore. Kiosk, Burgrestaurant und Jugendherberge locken zur Einkehrpause, ehe wir Ober- und Unterburg sowie zwei Museen erkunden können.

Während das Pfälzer Musikantenland-Museum an das Wandermusikantentum erinnert, wird in dem Urweltmuseum Geoskop ein Kapitel der Erdgeschichte lebendig, als die Pfalz noch am Äquator lag. Nicht verpassen sollten wir die Besteigung des ganzjährig frei zugängigen Bergfrieds, von dem sich eine spektakuläre Rundumsicht bietet. Burg Lichtenberg wurde in ihrer über 800-jährigen Geschichte zwar nie vom Feind eingenommen, dafür hat ein Brand 1799 die Burg nahezu völlig zerstört.

Talbrücke Oberkirchen

Eisenbahnnostalgie

Über das Viadukt

Bahnhof Schwarzerden

Von der Burganlage rollen wir auf der steilen K 23 (Achtung Gefahrenstelle) zum Ortsrand von Thallichtenberg, wo wir beim ehemaligen Bahnhof Thallichtenberg auf die **Kurzstrecke** und den Fritz-Wunderlich-Radweg zurückkehren. Der Bahntrassenradweg zieht sich in einem Bogen um Pfeffelbach herum. Rechter Hand stellt der Fernmeldeturm Reichweiler auf dem Keufelskopf eine markante Landmarke dar.

P4
18.2 km
1h 30min

Nachdem wir unter der A 62 hindurchgefahren sind, wechseln wir von Rheinland-Pfalz ins Saarland. Die Radwegmarkierung ziert nun das Logo des Sankt Wendeler Landes. Nach einem Werksgelände erreichen wir den **Bahnhof Schwarzerden (P 4)**, der für ein weiteres Kapitel Eisenbahngeschichte steht. Von hier verkehren die Museumszüge der Ostertalbahn zwischen Ottweiler und Schwarzerden (Fahrplan und Preise siehe www.ostertalbahn.de).

P5
21.6 km
1h 50min

Auf den folgenden drei Kilometern wurde ergänzend zum Radweg ein Eisenbahn-Erlebnisweg mit sechs Infostationen angelegt. Auf Höhe Schwarzerden lohnt sich ein Abstecher zu dem rund 250 Meter vom Radweg entfernten Mithras-Denkmal. Zu sehen ist ein in Sandstein gemeißeltes, jedoch stark verwittertes Relief, das den römischen Lichtgott Mithras zeigt. Nach dem Tunnel Oberkirchen folgt mit der **Talbrücke Oberkirchen (P 5)** ein Höhepunkt des Bahntrassenradwegs.

Das 275 Meter lange Eisenbahnviadukt zählt zu den größten Steinbrücken Deutschlands und überspannt eindrucksvoll den

Über die Eiserne Brücke

Kunst am Radweg

Ort Oberkirchen und das Ostertal. Die Strecke führt nach der Talbrücke im Halbkreis um den Weiselberg herum. Besonders reizvoll ist die Landschaft während der Laubfärbung im Herbst. Vor Freisen fahren wir über die Eiserne Brücke und können den herrlichen Blick ins Tal genießen. Nach dem Rastplatz „Unterm Schattenbaum" endet der Fritz-Wunderlich-Radweg am Ortsrand von Freisen.

Mit dem „Bahnradweg Sankt Wendeler Land" besteht seit 2023 eine Anschlussstrecke nach Türkismühle und Nonnweiler. **Freisen (P 6)** ist zwar kein Gastroparadies, bietet aber unter anderem das Eiscafé Bettin und zwei Bäckereien in der Ortsmitte als Einkehrgelegenheiten. Eine Attraktion ist der knapp zwei Kilometer nordwestlich von Freisen gelegene Naturwildpark Freisen, der ganzjährig geöffnet ist. Der Abstecher zum Wildpark (Achtung: nicht im Track aufgenommen) ist jedoch mit einem gehörigen Anstieg verbunden.

P6
28.8 km
2h 25min

Auf dem Rückweg fahren wir den Fritz-Wunderlich-Radweg in entgegengesetzter Richtung. Es geht erneut um den Weiselberg herum, bevor wir über die **Talbrücke Oberkirchen (P 5)** rollen. Zu den Höhepunkten zählt die erneute Fahrt durch den 216 Meter langen beleuchteten Oberkirchener Tunnel.

P5
36.0 km
3h

Nach dem **Bahnhof Schwarzerden (P 4)** kehren wir nach Rheinland-Pfalz zurück und können die Fahrt auf dem sanft abschüssigen Radweg genießen. In Fahrtrichtung Kusel erhaschen wir vom Tal aus einige Blicke auf Burg Lichtenberg.

P4
39.0 km
3h 15min

Abstecher zum Wildpark

Stadt- und Heimatmuseum Kusel

Nach dem ebenfalls beleuchteten Niederberg-Tunnel passieren wir in Diedelkopf den **Abzweig** des Radwegs **Rund um Burg Lichtenberg (P 2)** und haben das Ziel fast erreicht.

P1/Ziel
49.5 km
4h 10min

Zurück am **Bahnhof Kusel (P 1/Ziel)** lohnt sich ein Abstecher in die Altstadt, wo im Heimat- und Stadtmuseum in der Marktstraße 27 dem Tenor Fritz Wunderlich einige Räume gewidmet sind. Ums Eck liegt der Marktplatz mit Rathaus, Stadtkirche und dem Hutmacherbrunnen.

Der Brunnen erinnert an ein Gewerbe, das einst das wirtschaftliche Leben der Stadt prägte. Jedes Jahr wird am zweiten Wochenende im Juni das Hutmacherfest gefeiert. Da verwundert es nicht, dass der Spitzname der Kuseler „die Hutmacher" ist. Zum Abschluss der Tour bietet die Kreisstadt Kusel zudem eine Reihe guter Einkehrgelegenheiten.

Fazit

Ein Bahntrassenradweg wie aus dem Bilderbuch mit Tunneln, Brücken und herrlichen Landschaftseindrücken. Die Langstrecke bietet mit Burg Lichtenberg ein zusätzliches Highlight. Auf der Zusatzschleife zur Burg empfiehlt sich ein Pedelec/E-Bike.

TourTipps

- Tourist-Info Pfälzer Bergland, Bahnhofstraße 67, 66869 Kusel, 06381/424270, www.pfaelzerbergland.de

- Hotel Restaurant Reweschnier, Kuseler Straße 1, 66869 Blaubach, 06381/923800, www.reweschnier.de
- P3 Burgrestaurant Burg Lichtenberg, Burgstraße 12, 66871 Thallichtenberg, 06381/6008183, www.burglichtenberg.pfaelzerbergland.de
- Jugendherberge Burg Lichtenberg, Burgstraße 12, 66871 Thallichtenberg, 06381/2632, www.diejugendherbergen.de
- P5 Café-Restaurant Weiselbergbad, Zum Schwimmbad 7, 66629 Freisen-Oberkirchen, 06855/1515
- Eiscafé Bettin, Schulstraße 15, 66629 Freisen, 06855/6944
- Bäckerei Müller, Bahnhofstraße 3, 66629 Freisen, 06855/9209360
- P6 Bäckerei Barthold, Ringstraße 2, 66629 Freisen, 06855/9965560
- Gasthaus Blässje, Bahnhofstraße 11, 66629 Freisen, 06855/3544984
- Gasthaus Zur Laube, Remigiusstraße 15, 66629 Freisen, 06855/1840266
- Gaststätte Naturwildpark Hermbachtal, Hermbacher Hof 2, 66629 Freisen, 0170/7421800, www.natur-wildpark-freisen.de
- Deutsches Haus, Weiherplatz 24, 66869 Kusel, 06381/2178
- Ristorante Pizzeria Da Pino Hauswirtschaft Koch, Trierer Straße 36, 66869 Kusel, 06381/3535, www.hauswirtschaft-koch.de

- Weiselbergbad Freisen-Oberkirchen, Zum Schwimmbad 7, 66629 Freisen-Oberkirchen, 06855/6880, www.freisen.de
- Vitalbad Pfälzer Bergland, Trierer Straße 194,66869 Kusel, 06381/9988086, www.vgka.de

Tour Download: **BT814X3** (für GPS-Geräte)

Startpunkte finden mit scan to go®

Pfälzer Bergland

04 Pfälzer-Land-Runde

Die Tour führt von Altenglan auf dem Glan-Blies- und Barbarossa-Radweg nach Enkenbach-Alsenborn. Zurück ins Glantal geht es auf dem Pfälzer-Land-Radweg. Für die Langstrecke empfiehlt es sich, zwei Tage einzuplanen. Als Tagestour kann man über den Lauter-Radweg abkürzen.

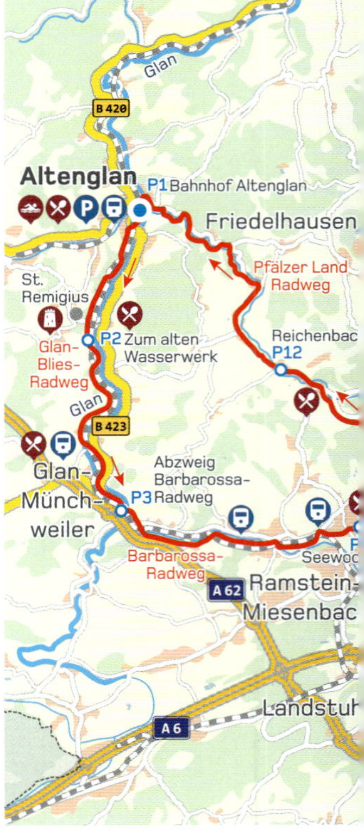

Start/Ziel: Bahnhof Altenglan, Bahnhofstraße 45, 66885 Altenglan

N49° 32' 53.8" E 7° 27' 44.0"

Anfahrt: A 62 bis Ausfahrt 7 Kusel, B 420 über Kusel bis Altenglan, dort rechts auf B 423 (Glanstraße und Bahnhofstraße) abbiegen

Parkplatz: P&R Parkplatz am Bahnhof und Parkplatz Draisinenstation

Zug: Bahnstrecke (Steinbahn) Landstuhl – Kusel bis Bahnhof Altenglan

Variante kurz:

72.6 km 6h 05min 745 ↑ ↓ 745

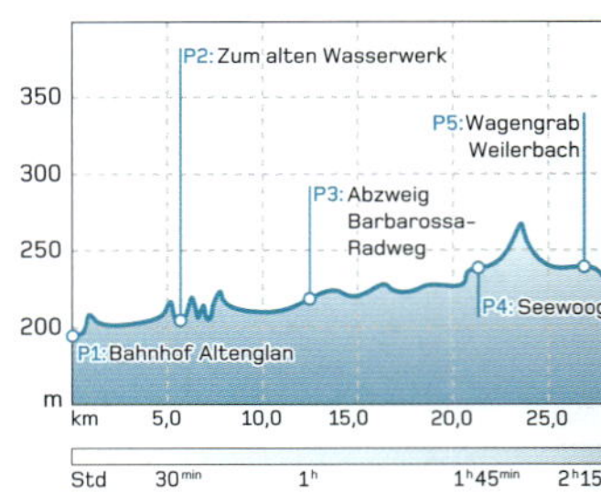

100	8h 20min	1100	1100	
km	(Zeit)	↑	↓	Anspruch

Wolfstein
Winnweiler
Alsenz
A 63
Lauter
B 270
B 48
Katzweiler
Otterberg
Schwedelbach
Weilerbach
Abteikirche
P9 Otterberg
Parfüm Museum
Enkenbach-Alsenborn
Otterbach
Pfälzer Land Radweg
Museum Stellwerk P10
Mehlinger Heide P8
P7 Abzweig Pfälzer-Land-Radweg
P11 Bistro-Café Stellwerk
Lauter Radweg
P5 Wagengräb Weilerbach
Zoo Kaiserslautern
A 6
Barbarossa-Radweg
P6 Abzweig Lauter-Radweg
Militärgebiet
A 6
B 37
Kaiserslautern
B 48
A 62
Lautertal-Weg
Pfälzer Land Radweg
3 km

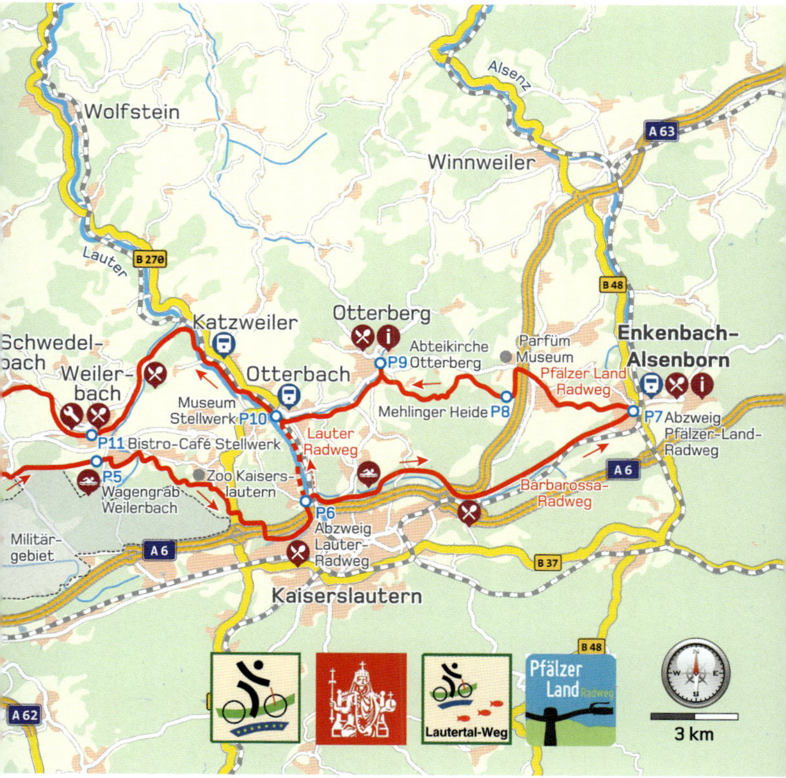

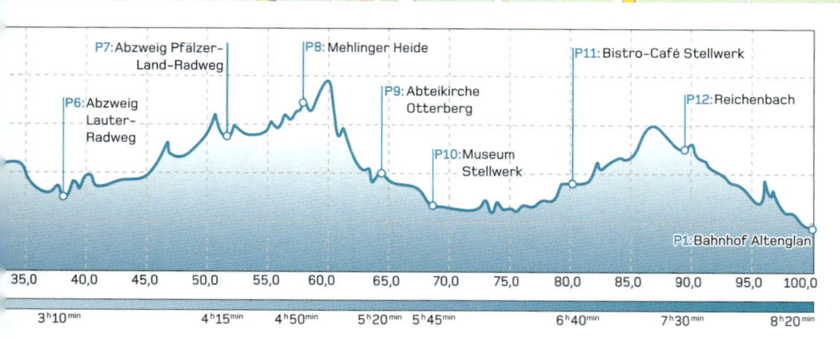

Pfälzer Krönung

Die Pfälzer-Land-Runde verbindet den Glan-Blies-Radweg, den Barbarossa-Radweg und den Radweg Pfälzer Land zu einer 100 km langen Rundtour. Um die Strecke in Ruhe genießen zu können, empfiehlt es sich, für die Tour zwei Tage einzuplanen.

Als Tagestour sollte man sich auf die Kurzstrecke beschränken. Alternativ kann man sowohl den Pfälzer-Land-Radweg wie auch die Verbindung von Glan-Blies-Radweg und Barbarossa-Radweg separat als Tagestour fahren und die Bahn zur Rückfahrt nutzen.

P1
Start

Ein guter Einstieg in die Pfälzer-Land-Runde ist der Bahnhof Altenglan (P 1). Der Bahnhof ist auch Ausgangspunkt der Draisinenstrecke nach Staudernheim. Statt auf der Fahrraddraisine in nördlicher Richtung folgen wir dem Glan-Blies-Radweg nach Süden. Die Route verläuft mal rechts, mal links der Bahnlinie im Glantal.

Zwischen Altenglan und Theisbergstegen bestimmt der Steinbruch am Remigiusberg den Blick. Weithin sichtbar ist auch die Propsteikirche Sankt Remigius auf dem Remigiusberg. Wer genug Zeit mitbringt, kann von Theisbergstegen einen Abstecher (Achtung: nicht im Track aufgenommen) über Haschbach hinauf zur Kirche und der Ruine Michelsburg unternehmen.

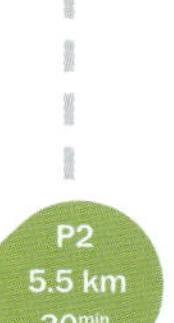

Die Feuchtwiesen des Glantals locken Störche und Kraniche an und bieten gute Gelegenheiten zur Vogelbeobachtung. Die Live-Bühne Godelhausen, das Restaurant Zum alten Wasserwerk (P 2) und das ein paar Meter vom Radweg entfernte Milchhäuschen eignen sich für einen ersten Verpflegungsstopp.

P3
12.4 km
1h

Weiter geht es entlang der Bahnlinie über Glan-Münchweiler zum Abzweig des Barbarossa-Radwegs (P 3) unter der Autobahnbrücke der A 62. Hier wechseln wir vom Glan-Blies-Radweg auf den nach Kaiser Friedrich I., besser bekannt als Barbarossa, benannten Radweg. Die Strecke folgt dem Mohrbach, der den Übergang von der Westricher Moorniederung zum Nordpfälzer Bergland markiert.

Am Glan entlang

Ab in die Mosterei

P4
21.4 km
1h 45min

Wir radeln durch die Bachaue und streifen die Ortschaften Steinwenden und Miesenbach. Während der Mohrbach nach Süden abknickt, verläuft der Radweg in östlicher Richtung. Am Ortsrand von Miesenbach lädt das Naherholungsgebiet Seewoog (P 4) mit Bänken, Liegewiese und Seeterrasse zur Verschnaufpause ein. Die Freizeitanlage verbindet Erholung mit Naturschutz und bietet neben Gastronomie, Kneippanlage, Kinderspielplatz und Picknickbereich auch ein Feuchtbiotop.

P5
26.9 km
2h 15min

Die Strecke wird nun hügeliger. Über eine Kuppe hinweg erreichen wir das Wagengrab Weilerbach (P 5). Zu sehen ist die Rekonstruktion eines keltischen Wagengrabs. Ein Stahlbogen verdeutlicht die beeindruckende Größe und Gestaltung des ursprünglich zwischen 550 und 475 vor Christus errichteten Grabs. Nach Rodenbach folgt der nächste Anstieg, ehe wir an der Einzäunung des Kaiserslauterer Zoos vorbeirollen, der zu einem Abstecher und Besuch einlädt.

Am Hammerwoog

Baumdenkmal „Alte Eiche"

Anschließend fahren wir entlang der K 11 durch den Kaiserslauterer Reichswald und streifen das Autobahnkreuz Kaiserslautern-West. Südlich der A 6 liegt ein herrlicher Streckenabschnitt vor uns, der zum Vogelwoog und dem lang gestreckten Hammerwoog, den beiden letzten Weihern eines mittelalterlichen Woog-Systems, führt. Ein beliebtes Ausflugslokal ist das am Vogelwoog gelegene Kunst-Café. Nach Unterquerung der A 6 können wir beim Abzweig des **Lauter-Radwegs (P 6)** die Tour abkürzen.

P6
37.9 km
3h 10min

*Die **Kurzstrecke** folgt dem Lauter-Radweg zum Ortsrand von Otterbach, wo man beim Museum Stellwerk auf die **Langstrecke** trifft.*

Am Vogelwoog

Wer sich für die **Langstrecke** entscheidet, kommt nach der Parkanlage Grüner Winkel und den kleinen Häusern der Siedlung Engelshof am Freibad Waschmühle vorbei. Die „Wesch“, wie die Lauterer ihr Kultbad nennen, wurde 1908 eröffnet und wartet mit einem sage und schreibe 165 Meter langen Becken auf. Der Abstecher ins Freibad lohnt sich!

Naturgenuss pur verspricht die Fahrt durch das Eselsbachtal. Vom Sattel aus blicken wir auf das Landschaftsmosaik aus Feuchtwiesen, Wäldern, Weihern und dem dahinplätschernden Bach. Das Eselsbachtal ist Lebensraum vieler geschützter Tier- und Pflanzenarten. Nach der mächtigen Autobahnbrücke,

Naturidyll

die das Tal überspannt, geht es ab Eselsfürth auf dem sanft ansteigenden, straßenbegleitenden Radweg entlang der L 395 weiter. Linker Hand liegt im Wald versteckt der Sportpark Rote Teufel, das Trainingszentrum der Nachwuchsmannschaften des 1. FC Kaiserslautern.

Den östlichen Wendepunkt der Tour erreichen wir in Enkenbach-Alsenborn vor Querung der Bahnlinie beim Abzweig des **Pfälzer-Land-Radwegs (P 7)**. Wer sich für die Tour zwei Tage Zeit nimmt kann u.a. im Hotel Restaurant Kölbl übernachten. Der Pfälzer-Land-Radweg verbindet die Flusstäler von Alsenz, Lauter und Glan und bietet an seinen Endpunkten in Enken-

P7
51.4 km
4h 15min

Mehlinger Heide

Blick auf Otterbach

Museum Stellwerk

bach-Alsenborn und Altenglan Bahnanschluss. Der Radweg führt zunächst von Enkenbach-Alsenborn über Mehlingen und die A 63 hinweg zum Ortsrand von Baalborn.

P8
57.9 km
4h 50min

Anschließend streift die Strecke die Mehlinger Heide (P 8), eine der größten Heidelandschaften Deutschlands. Beim jüdischen Friedhof befindet sich ein Zugang zu dem Naturschutzgebiet. Das Betreten der Heide ist nur auf gekennzeichneten Wegen erlaubt. Radfahren ist verboten. Ein Spaziergang zur Aussichtsplattform auf „Höhe 325" ist während der Heideblüte im August/Anfang September besonders eindrucksvoll, wenn sich das Gelände in ein rosa Farbenmeer verwandelt.

Nach der Mehlinger Heide strampeln wir auf eine Anhöhe und können den Weitblick genießen, ehe der Radweg Otterberg erreicht. In dem schmucken Städtchen lohnt sich ein Abstecher zur Abteikirche (P 9) aus dem 12. Jahrhundert. Die historische

P9
64.4 km
5h 20min

Im Tal der Lauter

Bahntrassenradweg

Lauter-Radweg

Altstadt bietet sich dank ihrer vielfältigen Einkehrmöglichkeiten für eine ausgiebige Pause an.

Zurück auf dem Fahrrad geht es nach Otterbach, wo wir beim Museum Stellwerk (P 10) (Öffnungszeiten siehe www.otterbach-otterberg.de) auf den Lauter-Radweg und die Kurzstrecke treffen. Die Radwegverbindung von Otterbach nach Weilerbach auf der Trasse der einstigen Bachbahn befindet sich im Bau und ist nach Fertigstellung eine Alternative zum Streckenverlauf des Pfälzer-Land-Radwegs. Dieser führt im weiten Tal der Lauter vorbei an Katzweiler zum Ortsrand von Hirschhorn, wo wir in ein idyllisches Seitental abbiegen.

P10
69.0 km
5h 45min

Nach dem Hotel & Landgasthof Pfeifertal ist ein Anstieg zu überwinden, ehe wir in Weilerbach beim Bistro-Café Stellwerk (P 11) auf die Trasse der Bachbahn stoßen. Die Fahrt auf dem asphaltierten Bahntrassenradweg ist ein Genuss. In

P11
80.2 km
6h 40min

In Schwedelbach

Im Reichenbachtal

Schwedelbach erinnert die Silhouette einer Dampflokomotive aus Cortenstahl an die Eisenbahnzeit, und ein paar Meter weiter bietet die St. Johannes Kirche, eine Radwegkirche, neben der Möglichkeit zum besinnlichen Verschnaufen kostenloses Trinkwasser.

P12
89.7 km
7h 30min

Zwischen Schwedelbach und Reichenbach-Steegen passieren wir den höchsten Punkt der Strecke. Schade, dass der Bahntrassenradweg am Ortsrand von Steegen endet. Wir fahren durch **Reichenbach (P 12)** und können uns im Backparadies Kissel („Wenn de Rollade owe is un es Lischt is an, si mer do!“) ein Teilchen gönnen. Anschließend radeln wir auf dem straßenbegleitenden Radweg von Dorf zu Dorf. Zum Glück geht es abwärts, die Fahrt über die freien Feld- und Wiesenflächen ist windgefährdet.

P1/Ziel
100 km
8h 20min

Nach Niederstaufenbach führt die Route im Tal des Reichenbaches ins Glantal hinab. Dort trifft der Pfälzer-Land-Radweg auf den Glan-Blies-Radweg, dem wir entlang der Draisinenstrecke zum Ausgangspunkt, dem **Bahnhof Altenglan (P 1/Ziel)** folgen. Dort lädt das Bistro Gleis 3 zum abschließenden Einkehrschwung ein.

Fazit

Eine herrliche Wochenendtour, gespickt mit vielen Natur-, Kultur- und Genusserlebnissen wie dem Kunst Café am Vogelwoog, dem Freibad Waschmühle, der Mehlinger Heide oder dem Bahntrassenabschnitt bei Schwedelbach. Als Tagestour auf die Kurzstrecke ausweichen.

Tour Tipps

- Tourist-Info Enkenbach-Alsenborn, Hauptstraße 18, 67677 Enkenbach-Alsenborn, 06303/9130
- Tourist-Info Otterberg (im Alten Stadthaus), Hauptstraße 54, 67697 Otterberg, 06301/607800, www.otterberg.de

- Live-Bühne Godelhausen, Hauptstraße 27, 66871 Godelhausen, 06381/8649, www.live-buehne.de
- P2 Zum alten Wasserwerk, Hauptstraße 67, 66871 Godelhausen, 06381/995070, www.zumaltenwasserwerk.de
- Milchhäuschen, Glanstraße 6, 66907 Rehweiler, 0176/50538746
- P4 Blockhütte am Seewoog, 66877 Ramstein-Miesenbach, 0178/3635031
- Gilberts Waldgaststätte Rodenbach, Sandhübel 6, 67688 Rodenbach, 06374/6347
- Kunst Café am Vogelwoog, Vogelwoogstraße 100, 67659 Kaiserslautern, 0631/41454504, www.kunstcafeamvogelwoog.de
- Restaurant Zäb Dee, Am Hammerweiher 1, 67659 Kaiserslautern, 0631/4147350, www.zaeb-dee.de
- Irish House, Eselsfürth 11, 67657 Kaiserslautern, 0631/40680, www.irishhouse-kl.de
- P7 Hotel-Restaurant Kölbl, Hauptstraße 3, 67677 Enkenbach-Alsenborn, 06303/3071, www.hotel-restaurant-koelbl.de
- P9 Gastronomie in Otterberg siehe Tour 2
- Hotel & Landgasthof Pfeifertal, Untere Pfeifermühle 4, 67685 Eulenbis, 06374/9250, www.hotel-pfeifertal.de
- P11 Bistro-Café Stellwerk, Von Redwitzstraße, 67685 Weilerbach, 06374/9914493, www.gemeinschaftswerk.de
- Bistro Gleis 3, Bahnhofstraße 45, 66885 Altenglan, 06381/429450

- Nocke's 2Rad, Hauptstraße 22, 67685 Weilerbach, 06374/993507, www.n2r.de

- Waldfreibad Rodenbach, Sportstraße 6, 67688 Rodenbach, 06374/5188, www.vgwerke-weilerbach.de
- Freibad Waschmühle, Waschmühle 1, 67659 Kaiserslautern, 0631/3704108, www.kaiserslautern.de
- Sport- und Freizeitbad Altenglan, Friedelhauser Straße 37, 66885 Altenglan, 06381/4250266, www.vgka.de

Tour Download: **BT813X4** (für GPS-Geräte)

Startpunkte finden mit scan to go®

05 Saar-Pfalz Höhen- und Tälerrunde

Die Tour beginnt im Homburger Stadtteil Jägersburg und verbindet mit dem Saarland-Radweg, dem Glan-Blies-Radweg und der Kirschroute drei Radwege wie auch die beiden Bundesländer Rheinland-Pfalz und Saarland.

Start/Ziel: Gustavsburg, Höcher Straße 5, 66424 Homburg/Saar-Jägersburg

N 49° 22' 14.3" E 7° 19' 17.4"

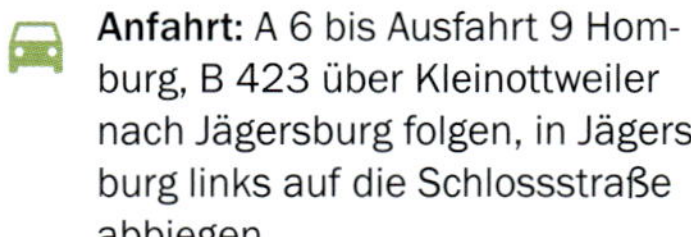

Anfahrt: A 6 bis Ausfahrt 9 Homburg, B 423 über Kleinottweiler nach Jägersburg folgen, in Jägersburg links auf die Schlossstraße abbiegen

Parkplatz: Wanderparkplatz gegenüber der Gustavsburg, Schlossstraße, 66424 Homburg-Jägersburg

Zug: Vom nächsten Bahnhof Homburg/Saar Hbf sind es rund 8 km bis zum Einstieg in die Tour bei P 2 Abzweig Glan-Blies-Radweg. Vom Bahnhof Homburg/Saar Richtung Sanddorf und dann dem Saarland-Radweg folgen.

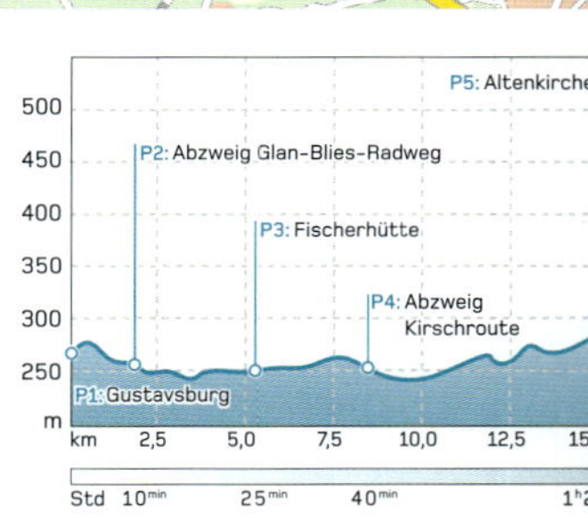

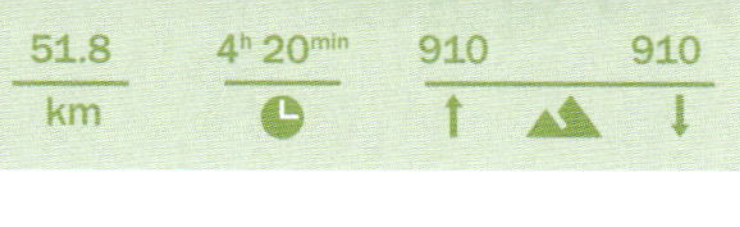
51.8
km
4h 20min
910
910

Anspruch

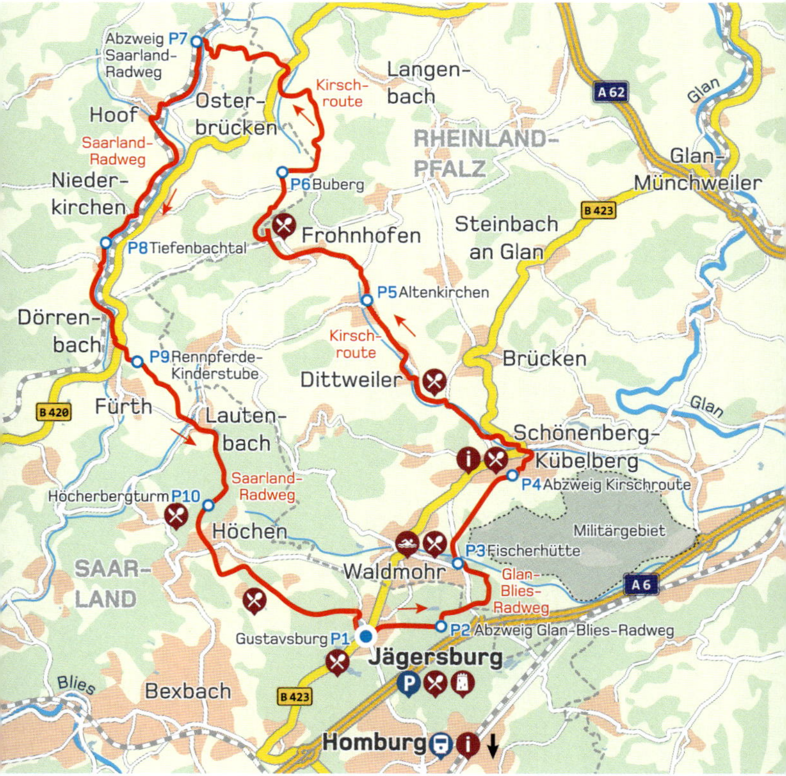

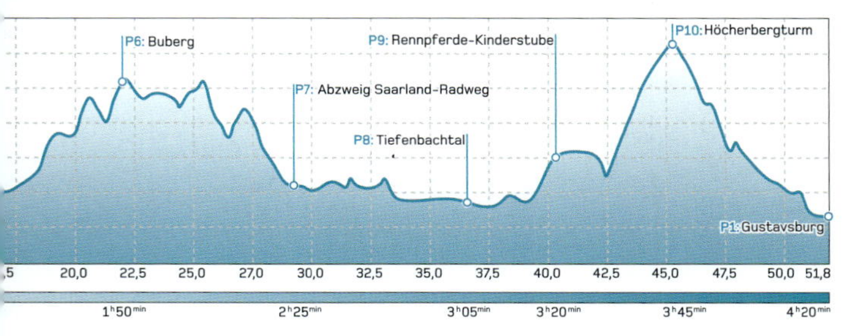
P6: Buberg
P7: Abzweig Saarland-Radweg
P8: Tiefenbachtal
P9: Rennpferde-Kinderstube
P10: Höcherbergturm
P1: Gustavsburg
,5
20,0
22,5
25,0
27,0
30,0
32,5
35,0
37,5
40,0
42,5
45,0
47,5
50,0
51,8
1h50min
2h25min
3h05min
3h20min
3h45min
4h20min

05

Im Reich der Blüten

Die Route kombiniert einen Abschnitt des Saarland-Radwegs, des Glan-Blies-Radwegs und die Kirschroute zu einer Rundstrecke. Dabei wechseln wir mehrfach zwischen den Bundesländern Saarland und Rheinland-Pfalz. Wegen zahlreicher Anstiege empfiehlt sich die Fahrt mit dem E-Bike/Pedelec. Als Einstieg in die Tour bietet sich die Gustavsburg (P 1) im Homburger Stadtteil Jägersburg an.

P1
Start

Von der mittelalterlichen Wasserburg folgen wir dem Saarland-Radweg 2 km in östlicher Richtung, ehe wir in einem ausgedehnten Waldgebiet auf den Glan-Blies-Radweg abbiegen. Wer die Bahn zur Anreise nutzt, startet am Bahnhof Homburg/Saar und gelangt auf dem Saarland-Radweg von Süden kommend zum Abzweig des Glan-Blies-Radwegs (P 2). Nach 800 Metern wechseln wir das erste Mal das Bundesland, und das Radwanderland Rheinland-Pfalz heißt uns willkommen. Sichtbares Zeichen ist die geänderte Beschilderung: im Saarland weiße Schrift auf grünem Grund und in Rheinland-Pfalz grüne Schrift auf weißem Grund.

P2
2.0 km
10 min

Auf Forstwegen geht es im Zickzack durch das weitläufige Waldgebiet. Am Ortsrand von Waldmohr erreichen wir den idyllisch gelegenen Mohrmühlweiher. Der See wird vom Glan durchflossen und ist auch dank des Restaurant-Café Fischerhütte (P 3) ein beliebtes Ausflugsziel. Nach dem Bahnhaus 2910 folgt ein kurzer Abschnitt auf der ehemaligen Trasse der Glantalbahn.

P3
5.2 km
25 min

Start an der Gustavsburg

P4
8.2 km
40 min

Unmittelbar vor dem ehemaligen Bahnhof von Schönenberg-Kübelberg dürfen wir den Abzweig auf die Kirschroute (P 4) nicht verpassen. Die Strecke schlängelt sich durch den Ort Schönenberg-Kübelberg und folgt im Kohlbachtal als straßenbegleitender Radweg der L 355. Die Tour verläuft leicht ansteigend von Ort zu Ort durch die westlichen Ausläufer des Nordpfälzer Berglands.

P5
15.6 km
1 h 20 min

Wir passieren die drei Kohlbachgemeinden Dittweiler, Altenkirchen (P 5) und Frohnhofen. Das Ortswappen von Dittweiler zeigt neben zwei gekreuzten Berghämmern, die an die alte Bergarbeitertradition erinnern, den Kohlbach als blaues Band sowie zwei rote Kirschen. Seit dem 18. Jahrhundert prägten weitläufige Streuobstwiesen das als „Kerscheland" bezeichnete Kohlbachtal. Doch innerhalb weniger Jahrzehnte nahm die Bedeutung des Kirschenanbaus stark ab, so dass wir heute relativ wenig alte Obstbäume sehen. Inzwischen wurde jedoch damit begonnen, junge Bäume nachzupflanzen. Die Tour ist während der Obstbaumblüte im Frühjahr besonders attraktiv.

Nach Frohnhofen ist ein mühsamer Anstieg zu meistern. Der Radweg begleitet den Kirschenland-Wanderweg und beeindruckt mit der herrlichen Aussicht auf die Streuobstwiesen am steilen Hang. Zur Einkehr lohnt sich ein kurzer Abstecher zur Pfälzerwald-Verein-Hütte am Entenweiher. In dessen Nähe entspringt einer der drei Quellbäche des Kohlbachs. Nach ein paar Metern auf der L 355 setzt sich die schweißtreibende Steigung in einem dichten Waldgebiet auf die Osterhöhen fort.

P6
21.9 km
1 h 50 min

Wir befinden uns im Grenzgebiet von Rheinland-Pfalz und Saarland. Nachdem wir, inzwischen auf saarländischem Boden, einen Talkessel durchfahren haben, führt der Radweg im Steilanstieg auf den Buberg (P 6). Belohnt werden wir mit einem spektakulären Rundumblick. Der folgende Streckenabschnitt über die offene Hochfläche der Osterhöhen ist windgefährdet. Es lohnt sich, die Tour bei guter Fernsicht und an einem windstillen Tag zu unternehmen.

Wieder in Rheinland-Pfalz, führt die Kirschroute im Halbkreis um den Eichelberg. Anschließend setzt sich die Berg- und Tal-

Auf der Kirschroute

Rennpferde-Kinderstube

P7 29.2 km $2^{h}\,25^{min}$

fahrt fort, ehe wir, zurück im Saarland, ins Ostertal hinabrollen und den Abzweig des Saarland-Radwegs (P 7) erreichen. Wir folgen dem Flusslauf der Oster und radeln durch Osterbrücken. Auf der anschließenden Fahrt durch die Talaue können wir uns von einem gelungenen Renaturierungsprojekt überzeugen. Südlich von Osterbrücken wurde auf knapp 5 km Länge der begradigte Bachlauf der Oster in seinen naturnahen Zustand zurückversetzt. Inzwischen sind sogar Biber und Störche zurück im Ostertal.

P8 36.5 km $3^{h}\,05^{min}$

Nach Niederkirchen führt der Saarland-Radweg an den drei Weihern des Feuchtbiotops Tiefenbachtal/Osterwiesen (P 8) vorbei. Die Teichlandschaft mit Inseln, Sumpf und Böschungen ist ein Paradies für Tiere und Pflanzen. Auf unserer Fahrt im Ostertal kreuzen wir mehrfach die Gleise der Ostertalbahn, auf der zwischen Schwarzerden (siehe Tour 3) und Ottweiler hauptsächlich Museumszüge verkehren.

Tiefenbachtal/Osterwiesen

Ein Frühlingstraum

In Dörrenbach verlassen wir das Ostertal, und die Strecke wird bergig. Wir strampeln einen Wiesenhang hinauf und kommen an der **Rennpferde-Kinderstube (P 9)** vorbei. Auf der Koppel vor uns weiden Fohlen, Stuten und Jungpferde des Gestüts Ohlerweiherhof, das sich der Vollblutzucht verschrieben hat.

P9
40.2 km
3h 20min

Entlang des Radwegs laden viele Bänke, Liegen und Rastplätze zu einer Verschnaufpause ein. Eine besonders schön gelegene Panoramaliege steht am Ortsrand von Remmesfürth. Vor uns liegt der Höcherberg mit seinem Aussichtsturm. Da müssen wir nun hinauf. In Remmesfürth beginnt der steile Anstieg und man ist für ein E-Bike/Pedelec dankbar. Im Mischwald kurbeln wir zum **Höcherbergturm (P 10)** und freuen uns auf einen Einkehrschwung im Höcherberghaus.

P10
45.3 km
3h 45min

Der Rundblick von dem 26 Meter hohen Turm ist grandios. An Sonn- und Feiertagen ist der Turm geöffnet, sonst kann man

Blick zum Höcherberg

Blick zur Gustavsburg

Am Brückweiher

Höcherbergturm

den Schlüssel über den Kiosk am Gasthaus erhalten (Öffnungszeiten siehe www.urlaub.saarland.de). Auf den Anstieg folgt eine Abfahrt, die uns rasch dem Ziel näherbringt. Die Strecke führt an den Spielbahnen des Golfclubs Homburg/Saar Websweiler Hof entlang, ehe sich der Kreis an der Gustavsburg (P 1/Ziel) schließt.

P1/Ziel
51.8 km
4h 20min

Für den gemütlichen Tourenausklang ist neben dem Café am Schlossweiher die Gastronomie am nahen Brückweiher zu empfehlen. Der rund 3 km lange Abstecher (Achtung: nicht im Track aufgenommen) um den Brückweiher mit zahlreichen Einkehrgelegenheiten, Kletterpark, Wasserspielplatz, Bootsverleih und Minigolfanlage lohnt sich. Man muss sich jedoch bewusst sein, dass das Naherholungsgebiet Jägersburg ein touristischer Hotspot und damit an einzelnen Tagen überlaufen ist.

Fazit

Eine Entdeckungsreise abseits des Trubels, bei der das Landschaftserlebnis im Vordergrund steht. Die herrlichen Panoramablicke verdienen schönes Wetter und gute Fernsicht. Wegen der Anstiege empfiehlt sich ein Pedelec/E-Bike.

TourTipps

- Tourist-Info Homburg/Saar, Talstraße 57a, 66424 Homburg/Saar, 06841/101820, www.homburg.de
- Tourist-Info Oberes Glantal, Rathausstraße 8, 66901 Schönenberg-Kübelberg, 06841/06373/504-0,

- Fischerhütte, Zur Mohrmühle 2, 66914 Waldmohr, 06841/06373/5088192
- Die Brückenschänke, Glanstraße 38a, 66901 Schönenberg-Kübelberg, 06841/06373/9680, www.diebrueckenschaenke.de
- P4 Gasthaus Schleppi, Saarbrücker Straße 80, 66901 Schönenberg-Kübelberg, 06841/06373/2785, www.schleppi.de
- Paula's Biergarten, Paulengrund 5, 66904 Brücken-Paulengrund, 06841/0160/96091844
- P6 Pfälzerwald-Verein-Hütte am Entenweiher, St. Wendeler Straße 99, 66903 Frohnhofen, 06841/06386/7011
- P10 Gasthaus Höcherberg, Römerstraße, 66450 Bexbach-Höchen, 06841/06826/9658444, www.gasthaus-hoecherberg.de
- Restaurant Websweiler Hof, Römerstraße 94, 66424 Homburg, 06841/06841/79636, www.restaurant-websweilerhof.de
- Café am Schloßweiher, Höcherstraße 17-19, 66424 Homburg-Jägersburg, 06841/2327, www.cafe-schlossweiher.de
- Das Blockhaus Jägersburg, Kleinottweilerstraße 150, 66424 Homburg-Jägersburg, 06841/06841/72642, www.dasblockhaus.net
- Peters Hotel & Spa, Restaurant und Panorama-Bar, Kleinottweilerstraße 112, 66424 Homburg-Jägersburg, 06841/189330, www.peters-jaegerburg.de
- Peters Alm, Kleinottweilerstraße 112, 66424 Homburg-Jägersburg, 06841/9241999, www.petersalm.de
- Il Lago, Kleinottweilerstraße 104, 66424 Homburg-Jägersburg, 06841/9949656

- Warmfreibad Waldmohr, Badstraße 12, 66914 Waldmohr, 06373/8917134, www.vgog.de

Tour Download: **BT812X5** (für GPS-Geräte)

Startpunkte finden mit scan to go®

06 Pfälzer Seentour

Die Tour führt von See zu See durch die Westricher Moorniederung und bietet vom Badesee, über den Angelweiher und Stausee bis zum Feuchtbiotop eine tolle Mischung. Als Kurzstrecke ist die Pfälzer Moortour eine familienfreundliche Alternative zur langen Seentour.

Start/Ziel: Bf. Bruchmühlbach-Miesau, Am Bahnhof 30, 66892 Bruchmühlbach-Miesau

N 49° 23' 06.6" E 7° 26' 38.8"

Anfahrt: A 6 bis Ausfahrt 11 Bruchmühlbach-Miesau, L 358 nach Bruchmühlbach-Miesau folgen, links abbiegen zum Bahnhof Bruchmühlbach-Miesau

Parkplatz: Siehe Start/Ziel, Parkplatz am Bahnhof Bruchmühlbach-Miesau

Zug: Bahnstrecke Kaiserslautern – Saarbrücken RB 70 bis Bahnhof Bruchmühlbach-Miesau

Variante kurz:

22.2 km 1h 50min 165 ↑ ↓ 165

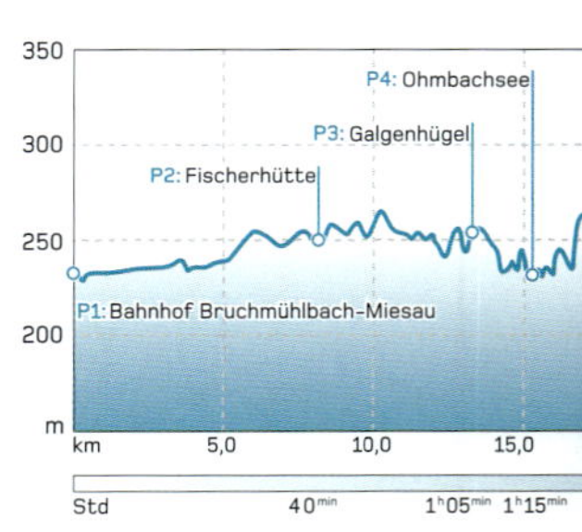

63.4	5h 15min	525	525	Anspruch
km	(Dauer)	↑	↓	

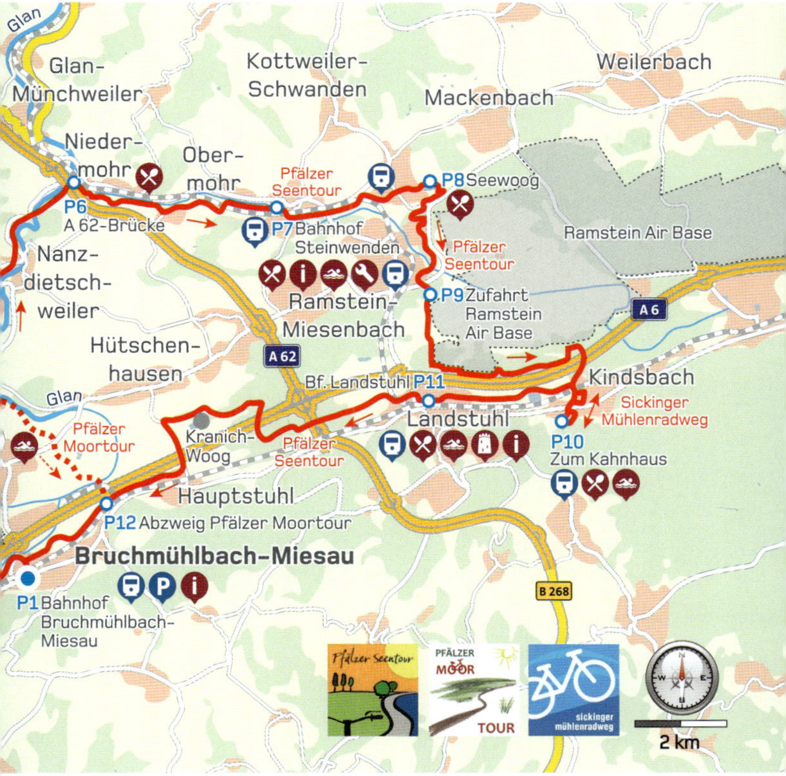

Glan
Glan-Münchweiler
Kottweiler-Schwanden
Weilerbach
Mackenbach
Nieder-mohr
Ober-mohr
Pfälzer Seentour
P8 Seewoog
P6 A 62-Brücke
P7 Bahnhof Steinwenden
Ramstein Air Base
Nanz-dietsch-weiler
Pfälzer Seentour
Ramstein-Miesenbach
P9 Zufahrt Ramstein Air Base
A 6
Hütschen-hausen
A 62
Bf. Landstuhl P11
Kindsbach
Glan
Sickinger Mühlenradweg
Pfälzer Moortour
Kranich-Woog
Pfälzer Seentour
Landstuhl
P10 Zum Kahnhaus
Hauptstuhl
P12 Abzweig Pfälzer Moortour
Bruchmühlbach-Miesau
P1 Bahnhof Bruchmühlbach-Miesau
B 268
Pfälzer Seentour
PFÄLZER MOOR TOUR
sickinger mühlenradweg
2 km

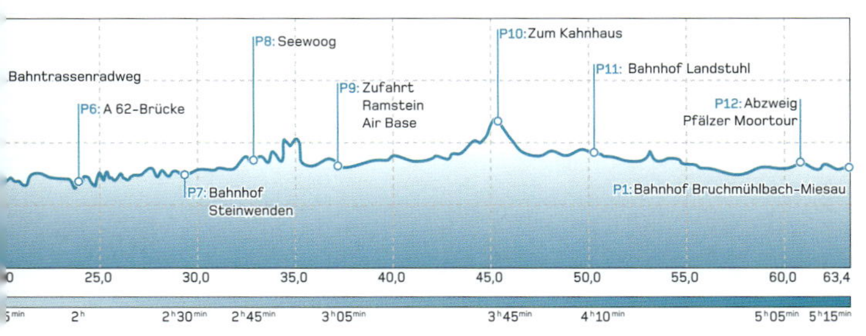

06

Von See zu See

Die Pfälzer Seentour wurde 2022 offiziell eröffnet. Ein Teil der Strecke entspricht der Pfälzer Moortour, die sich als Kurzstrecke besonders für Familien mit Kindern bzw. als Halbtags- oder Feierabendrunde eignet.

P1
Start

Wir starten in Bruchmühlbach-Miesau am Bahnhof (P 1). Die Ortschaft liegt am südlichen Rand der Westricher Moorniederung. Um 1800 war das Gebiet noch eine unzugängliche Moorlandschaft. Durch Torfabbau und Entwässerung wurden weite Teile der Niederung trockengelegt. Heute bestimmen Wiesen, Wälder und landwirtschaftlich genutzte Flächen das Bild. Einige Landschaftsteile wurden zu Naturschutzgebieten erklärt. Zudem ist die Region seit dem 2. Weltkrieg durch die Ramstein Air Base stark militärisch geprägt.

Der Radweg führt entlang der Bahnlinie am Ortsrand von Vogelbach vorbei. Den Blick bestimmen die ausgedehnten Wiesenflächen der Westricher Moorniederung, ehe wir über eine Brücke die A 6 queren und in ein weitläufiges Waldgebiet eintauchen. Nach den Weideflächen des Eichelscheiderhofs gelangen wir zum Mohrmühlweiher, an dem die Fischerhütte (P 2) zu einer ersten Verschnaufpause einlädt.

P2
8.0 km
40 min

Am Mohrmühlweiher

Danach zweigt der Radweg beim Bahnhaus 2910 auf die ehemaligen Trasse der Glantalbahn ab. Sie wurde 1890 aus strategischen Gründen gebaut, um Truppen an die Front in Richtung Frankreich zu bringen. Die Strecke wurde in den 1960er-Jahren teilweise stillgelegt.

P3
13.3 km
1h 05min

Auf dem schattigen Bahntrassenradweg passieren wir den ehemaligen Bahnhof Schönenberg-Kübelberg und erreichen den Galgenhügel (P 3). Die dreibeinige Galgennachbildung mit zwei Schlingen wirkt etwas makaber. Der Galgenhügel ist eine Station des „Begehbaren Geschichtsbuchs" und erinnert an das mittelalterliche Gerichtswesen in Kübelberg. Ein paar Meter entfernt trennen sich vor dem ehemaligen Bahnhof Elschbach Pfälzer Seentour und Pfälzer Moortour.

Variante kurz

Die Pfälzer Moortour (Kurzstrecke) *folgt dem Bahntrassenradweg bis kurz vor Elschbach, durchquert die Ortschaft und kommt am Warmwasserfreibad Bruchmühlbach-Miesau vorbei. Im Zickzack führt der Radweg durch die Westricher Moorniederung, ehe wir nach Überquerung der A 6 auf die Pfälzer Seentour zurückkehren.*

P4
15.1 km
1h 15min

Die Pfälzer Seentour zweigt vor dem ehemaligen Bahnhof Elschbach von der Bahntrasse zum Ohmbachsee (P 4) ab. Der Waldweg hinab zum Stausee ist mit Vorsicht zu genießen und kann bei Nässe matschig sein. Der Stausee ist sowohl Regenrückhaltebecken als auch beliebtes Naherholungsgebiet. Die Route führt über die Staumauer hinweg in einer weiten Schleife am Nordufer des Sees entlang. Man kann jedoch auch den ganzen See mit dem Fahrrad umrunden. Das Ufer zieren mehrere Skulpturen. Liegewiesen und Bänke laden zum Entspannen ein, es gibt einen Tretbootverleih und auch für das leibliche Wohl ist dank Kiosk und Loungecafé gesorgt. Nur das Baden ist verboten.

Vom Seeufer zieht sich die Pfälzer Seentour den Hang hinauf zum Ortsrand von Gries. Nach der Bergkuppe können wir die Aussicht auf die markante Flussschleife des Glan genießen, bevor wir ins Tal hinabrollen. Uns erwartet eine Flusslandschaft

Der Galgenhügel

Radelgenuss

Bahntrassenradeln

Blick auf den Ohmbachsee

P5
19.0 km
$1^h 35^{min}$

wie aus dem Bilderbuch. Nach der Glanschleife führt die Route zurück auf den Bahntrassenradweg (P 5) der einstigen Glantalbahn.

Nun geht es vorbei am ehemaligen Bahnhof Dietschweiler mit Blick auf eine historische Waschtreppe am Glanufer und die Dietschweiler Mühle. Vor Nanzdietschweiler müssen wir wegen einer fehlenden Bahnbrücke die Hauptstraße überqueren (Achtung: Gefahrenstelle an Drängelgittern), ehe wir das Glantal unter der Autobahnbrücke der A 62 (P 6) verlassen.

P6
23.9 km
2^h

Die Pfälzer Seentour folgt sodann dem Mohrbach in östlicher Richtung. Das Mohrbachtal bildet den Übergang von der Westricher Moorniederung zum Nordpfälzer Bergland. In der Bachaue streifen wir die „Mohrorte" Niedermohr, Kirchmohr, Obermohr und Mohrmühle, bevor wir an den Bahnhöfen Steinwenden (P 7) und Miesenheim vorbeirollen. Zum näheren Betrachten und zu willkommenen Verschnaufpausen laden längs des Radwegs mehrere Steinskulpturen ein.

P7
29.5 km
$2^h 30^{min}$

Am Ortsrand von Miesenbach bietet sich das Naherholungsgebiet Seewoog (P 8) für eine Pause mit Einkehrschwung an. Für die nötige Frische auf den nächsten Kilometern sorgt das Wassertreten im Kneippbecken. Über einen Hügel hinweg erreichen wir anschließend das Freizeitbad Azur. Der folgende Streckenabschnitt ist leider nicht sonderlich ansprechend. Die Reichswaldstraße ist gastronomisch von American Diners geprägt. Die US-Armee ist für die Region ein entscheidender Wirtschaftsfaktor.

P8
32.8 km
$2^h 45^{min}$

Durch die Bachaue

Kneipen gefällig?

Nachdem wir die mehrspurige **Zufahrt zur Ramstein Air Base (P 9)** gequert haben, fahren wir am Stacheldrahtzaun des Militärflughafens entlang und können ein paar Blicke auf das Gelände erhaschen. Vielleicht startet oder landet gerade eine Militärmaschine. Die Ramstein Air Base ist das Hauptquartier der US-Luftstreitkräfte in Europa und der größte Militärstützpunkt außerhalb der USA. Entsprechend hoch ist jedoch auch die Fluglärmbelastung für die Bevölkerung. Rund 700 Meter vom Radweg entfernt befindet sich die Gedenkstätte, die an die 70 Todesopfer der Flugschaukatastrophe vom 28.8.1988 erinnert.

P9
37.2 km
3h 05min

Wir passieren die Moordamm-Mühle, die von Autobahn und Militärgelände eingerahmt ist. Danach führt die Route auf einer Brücke über die A 6 zum Ortsrand von Kindsbach. Vom Bahnhof lohnt sich ein Abstecher auf dem Sickinger Mühlenradweg durch die Ortschaft zum idyllisch gelegenen Bärenlochweiher mit der **Gaststätte Zum Kahnhaus (P 10)**. Auf unserer Tour ist der Bärenlochweiher der einzige See, in dem das Baden erlaubt ist. Zurück vom Badeweiher erreichen wir den eingezäunten Silbersee und können es uns auf der Terrasse des Restaurants zum Silbersee gut gehen lassen.

P10
45.4 km
3h 45min

Am Nordausgang des **Bahnhofs Landstuhl (P 11)** stellt sich die Frage, ob wir einen Stadtbummel unternehmen wollen (Der Abstecher ist nicht im Track aufgenommen). Hierzu müssen wir den Bahnhofstunnel durchqueren, da das Zentrum von Landstuhl mit vielen Einkehrmöglichkeiten und Sehenswürdigkeiten wie der Burg Nanstein auf der anderen Seite der Bahn liegt.

P11
50.3 km
4h 10min

Rast am Seewoog

Am Bärenlochweiher

In Landstuhl

Nach Landstuhl wechseln Wald- und Wiesenabschnitte, wir unterqueren zwei Mal die Autobahn und kommen am Kranichwoog vorbei. Der künstlich angelegte Woog bietet Amphibien, Insekten, Vögeln und vielen Pflanzenarten neuen Lebensraum. Das Gebiet dient auch Zugvögeln als Rastplatz. Zur Beweidung werden karpatische Wasserbüffel eingesetzt. Als Highlight ist ein 24 Meter hoher Aussichtsturm geplant. Nach dem Kranichwoog führt der Radweg erneut unter der Autobahn hindurch und erreicht den Ortsrand von Hauptstuhl. Entlang der Bahnlinie kommen wir zum Abzweig der Pfälzer Moortour (P 12), wo wir auf die Kurzstrecke stoßen.

P12
60.9 km
5h 05min

Mit Blick auf die von Wasserarmen durchsetzte Wiesenfläche kehren wir zum Ausgangspunkt am Bahnhof Bruchmühlbach-Miesau (P 1/Ziel) zurück. Die Westricher Moorniederung ist zwar keine Moorlandschaft mehr, bietet aber dennoch ein faszinierendes Landschaftsbild. Dabei spielen Tages- und Jahreszeit, das Licht und die jeweilige Stimmung eine entscheidende Rolle. Bei Sonnenauf- und Sonnenuntergang, aber auch in Nebelschwaden gehüllt und mit Reif oder Schnee ist die Niederung besonders eindrucksvoll.

P1/Ziel
63.4 km
5h 15min

Fazit

Herrlich abwechslungsreich! Im Vordergrund stehen die Landschaftseindrücke der Westricher Moorniederung mit ihren Seen. Für den Familienausflug bietet die Pfälzer Moortour als Kurzstrecke eine prima Alternative.

TourTipps

- Tourist-Info Bruchmühlbach-Miesau, Am Rathaus 2, 66892 Bruchmühlbach-Miesau, 06372/922-000, www.tourismus-vgbm.de
- Tourist-Info Oberes Glantal, Rathausstraße 8, 66901 Schönenberg-Kübelberg, 06373/504-0,
- Tourist-Info Landstuhl, Hauptstraße 3a, 66849 Landstuhl, 06371/1300012, www.landstuhl.de
- Tourist-Info im Congress Center Ramstein, Am Neuen Markt 4, 66877 Ramstein-Miesenbach, 06371/592220, www.ramstein-miesenbach.de

- Fischerhütte, Zur Mohrmühle 2, 66914 Waldmohr, 06373/4316
- Kiosk am Ohmbachsee, 66903 Gries, 01512/7575799
- P4 Loungecafé Lifetime, Bahnhofstraße 17b, 66903 Gries, 06373/8922333, www.loungecafe-lifetime.de
- P8 Blockhütte am Seewoog, 66877 Ramstein-Miesenbach, 0178/3635031
- Maxi Ramstein, Reichswaldstraße 7, 66877 Ramstein-Miesenbach, 06371/50505, www.maxi-ramstein.de
- Big Emma, Reichswaldstraße 1c, 66877 Ramstein-Miesenbach, 06371/406770, www.bigemma-ramstein.com
- P10 Gaststätte/Weinlounge zum Kahnhaus, Weiherstraße, 66862 Kindsbach, 0172/6820076
- Restaurant zum Silbersee, Am Sandweiher 5, 66849 Landstuhl, 06371/2409, www.zumsilbersee.de

- Fahrradladen Ramstein, Spesbacherstraße 61f, 66877 Ramstein-Miesenbach, 06371/62555, www.fahrradladen-ramstein.de

- Warmfreibad Waldmohr, Badstraße 12, 66914 Waldmohr, 06373/8917134, www.vgog.de
- Warmwasserfreibad Bruchmühlbach-Miesau, Zum Hasensprung 1, 66892 Bruchmühlbach-Miesau, 06372/8167, www.tourismus-vgbm.de
- Freizeitbad AZUR, Schernauer Straße 5, 66877 Ramstein-Miesenbach, 06371/71500, www.freizeitbad-azur.de
- Bärenlochweiher, Weiherstraße, 66862 Kindsbach
- Naturerlebnisbad Landstuhl, Kaiserstraße 126, 66849 Landstuhl, 06371/130571, www.neb-landstuhl.de

Tour Download: **BT811X6** (für GPS-Geräte)

Startpunkte finden mit scan to go®

Pfälzerwald

Der Pfälzerwald ist das größte zusammenhängende Waldgebiet Deutschlands und bildet zusammen mit den Nordvogesen ein grenzüberschreitendes UNESCO-Biosphärenreservat. Für die Einzigartigkeit der Region sorgen zudem sagenumwobene Burgruinen sowie unzählige Buntsandsteinfelsen. In der Grenzregion verbinden sich pfälzische Gemütlichkeit und der französische Lebensstil des Savoir-vivre.

07 Elmsteiner Runde

Die Tour führt von Elmstein auf Forstwegen und Straßen durch den Pfälzerwald. Dabei kommen wir an Burgruinen sowie einem herrlich gelegenen Badesee vorbei und können einen Abstecher ins Stille Tal unternehmen. Die Kurzstrecke spart einige Kilometer und Höhenmeter.

Start/Ziel: Kuckucksbahnhof Elmstein, Bahnhofstraße 60, 67471 Elmstein

N 49° 20‘ 59.2“ E 7° 56‘ 34.1“

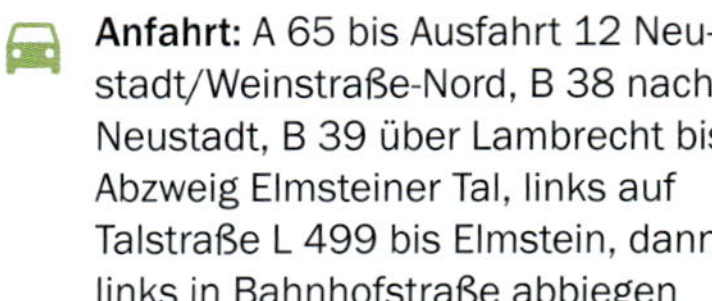

Anfahrt: A 65 bis Ausfahrt 12 Neustadt/Weinstraße-Nord, B 38 nach Neustadt, B 39 über Lambrecht bis Abzweig Elmsteiner Tal, links auf Talstraße L 499 bis Elmstein, dann links in Bahnhofstraße abbiegen

Parkplatz: Siehe Start/Ziel, Parkplatz Bahnhofstraße in Nähe Kuckucksbahnhof Elmstein

Zug: Museumsbahn Kuckucksbähnel von Neustadt bis Kuckucksbahnhof Elmstein. Oder RE 6 Kaiserslautern – Karlsruhe bis Bf. Lambrecht/Pfalz

Variante kurz:

21.4 km 1h 45min 630 ↑ ↓ 630

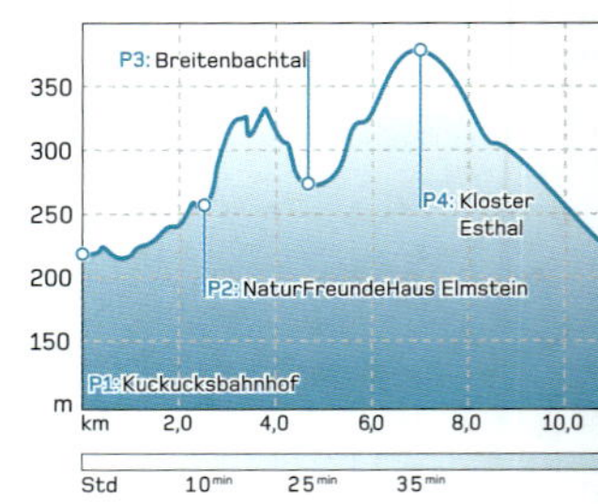

39.8
km
3h 25min
1100
1100
Anspruch
Neidenfels
B 38
Frankeneck
Speyerbach
Lambrecht/Pfalz
P4 Kloster Esthal
Esthal
P3 Breitenbachtal
Sattelmühle
P5 Sattelmühle
Erfenstein
Iptestal
Neustadt an der Weinstraße
Breiten-stein
P6 Burg Spangenberg
Helm-bach
P7 Forsthaus Breitenstein
P8 Helmbachweiher
1 km
P6: Burg Spangenberg
P5: Sattelmühle
P7: Forsthaus Breitenstein
P8: Helmbachweiher
P9: Gasthaus Stilles Tal
P10: Abzweig Ziplinepark
P1: Kuckucksbahnhof
14,0
16,0
18,0
20,0
22,0
24,0
26,0
28,0
30,0
32,0
34,0
36,0
38,0
39,8
1h25min
1h45min
2h
2h25min
3h
3h25min

Typisch Pfalz

Da es sich bei der Elmsteiner Runde um keinen beschilderten Themenradweg handelt, ist es bei dieser Tour besonders wichtig, ein Bike-Navi oder Smartphone mit einer entsprechenden Navigations-App zur Wegführung zu nutzen.

P1
Start

Die Tour beginnt am **Kuckucksbahnhof (P 1)** in Elmstein. Der Ort ist namensgebend für das gesamte Tal und liegt mitten im Naturpark Pfälzerwald. Selbstironisch steht auf der Homepage „Komm nach Elmstein, wo Fuchs und Hase dem Luchs gute Nacht sagen".

Ein erstes Highlight ist die An- und Abreise mit der historischen Museumsbahn. Von Mai bis Mitte Oktober verkehrt an Sonntagen das „Kuckucksbähnel" vom Hbf Neustadt/Weinstraße nach Elmstein. Im Zug werden Fahrräder mittransportiert (Fahrplan und Preise siehe www.eisenbahnmuseum-neustadt.de).

Vom Bahnhof geht es in den Ortsteil Appenthal, wo wir beim Alten Turm, dem Überbleibsel einer verfallenen Sandsteinkirche, von der Durchgangsstraße in ein Seitental abbiegen. Hier beginnt der erste Tagesanstieg in Richtung des Ortsteils Harzofen.

Der Name erinnert an die Harzöfen, mit denen früher aus Harz Pech hergestellt wurde, das u.a. als Waffe, Schmiermittel oder zum Abdichten gebraucht wurde. Einen Steinwurf von der Radstrecke entfernt, können wir das Modell eines Harzofens ansehen. Am Ortsende lädt das **NaturFreundeHaus Elmstein (P 2)** zu einer Verschnaufpause ein.

P2
2.4 km
10 min

Der Alte Turm

Kloster Esthal

Im Mischwald kurbeln wir den Hang nach Schwabenbach hinauf und passieren das Forsthaus Wolfsgrube. Anschließend fahren wir in das **Breitenbachtal (P 3)** hinab, wo sich ein Abstecher zur 100 Meter entfernten, bewirtschafteten Wolfsschluchthütte (Öffnungszeiten siehe www.pwv-esthal.de) lohnt.

Variante kurz

Wer sich für die **Kurzstrecke** *entscheidet, fährt an der Wolfsschluchthütte vorbei und radelt im eng eingeschnittenen Tal nach Breitenbach. Dort wird die L 499 überquert und man kehrt beim* **Forsthaus Breitenstein (P 7)** *auf die* **Langstrecke** *zurück.*

P4
7.0 km
35 min

Auf der **Langstrecke** folgt auf das Breitenbachtal die knackige Steigung nach Esthal, das zwischen bewaldeten Hügelkuppen auf einem Plateau liegt. In dem Walddorf können wir einen Abstecher zum **Kloster Esthal (P 4)** unternehmen (Öffnungszeiten des Kloster Cafés siehe www.kloster-esthal.de). Vom Ortsrand bietet sich ein schöner Abschiedsblick auf Esthal, bevor wir auf der wenig befahrenen K 23 ins Tal rollen.

P5
12.6 km
1 h 05 min

Auf der Abfahrt zischen wir am Alten Forsthaus Sattelmühle vorbei, ehe wir in **Sattelmühle (P 5)** die Talstraße erreichen, die durch das Elmsteiner Tal führt. Vor der Einmündung zieht das Forstgut Sattelmühle mit einem herrlichen Mühlenanwesen die Blicke auf sich. Nach ein paar Metern auf der L 499 biegen wir auf eine Nebenstraße ab und überqueren die Bahnlinie und den Speyerbach.

P6
17.1 km
1 h 25 min

Am Hang entlang geht es in stetem Auf und Ab über Iptestal nach Erfenstein. Die kleine Ortschaft wird überragt von **Burg Spangenberg (P 6)**, die vom Bahnhof bzw. von der Talstraße aus am besten zu sehen ist. Der Abstecher hinauf zur Burgruine ist zwar anstrengend, lohnt sich aber umso mehr, wenn die Burgschänke geöffnet ist (Öffnungszeiten siehe www.burg-spangenberg.de). Wer das Fahrrad in Erfenstein zurücklässt, kann auch zu Fuß über den Alten Burgweg in ca. 10 Minuten zur Burg hinauflaufen.

Burg Spangenberg

Das Kuckucksbähnel

Naturidyll Helmbachweiher

Der erste urkundliche Nachweis von Burg Spangenberg stammt aus dem Jahr 1317. Im Speyerbachtal trafen die Herrschaftsbereiche der Bischöfe von Speyer mit Burg Spangenberg, der Leininger Grafen mit den Burgen Erfenstein und Breitenstein sowie der Kurpfalz mit Burg Elmstein aufeinander. Die Burgen dienten als Grenzburgen, die die kostbaren Wälder des Hinterlands schützten. Burg Spangenberg wurde im Dreißigjährigen Krieg zerstört, heute sind Teile der Anlage rekonstruiert.

P7
21.1 km
1h 45min

Zurück auf dem Fahrradsattel führt ein Forstweg am Hang entlang in den Weiler Breitenstein, wo die **Kurzstrecke** zu uns stößt. Das **Forsthaus Breitenstein (P 7)** ist bei Ausflüglern ein beliebtes Einkehrziel. Nach einer Schleife entlang des Speyerbachs zweigen wir bei Helmbach in ein Seitental ab und folgen der K 51.

P8
24.1 km
2h

Nach einem sanften Anstieg öffnet sich das enge Tal, und der **Helmbachweiher (P 8)** liegt eingerahmt von dichtem Wald vor uns. Der offizielle Badeweiher wird vom Kohlbach gespeist und verfügt über eine hervorragende Wasserqualität. Im Sommer ist ein erfrischendes Bad im See ein Hochgenuss! Weiter geht es auf der wenig befahrenen Straße durch das Helmbachtal.

Variante kurz

*Die **Kurzstrecke** verzichtet auf den Abstecher in das Stille Tal und führt diekt nach Iggelbach.*

P9
28.7 km
2h 25min

Auf der **Langstrecke** gönnen wir uns einen Ausflug in das Stille Tal. Entlang des Helmbachs führt eine Stichstraße zur Waldschänke Hornesselwiese und zum **Gasthaus Stilles Tal (P 9)**. Wer es gerne ruhig und abgeschieden mag, fühlt sich hier wohl. Ein Geheimtipp für Naturliebhaber.

P10
35.8 km
3h

Zurück vom Abstecher radeln wir vom Forsthaus Frechental durch das eng eingeschnittene Tal nach Iggelbach, wo die Landstraße nach einer Spitzkehre in steilem Anstieg zum Ortsrand führt. Auf der Hügelkuppe zweigt ein Weg zum **Ziplinepark (P 10)** ab.

Am Helmbachweiher

Im Stillen Tal

Blick auf Elmstein

Keschdezeit

Aussichtspunkt Rehfelsen

Kuckucksbahnhof Elmstein

PS: Eine Ziplinetour (www.zipline-elmstein.de) dauert rund 2,5 bis 3,5 Stunden und ist ein Halbtags- oder Tagesprogramm für sich. Nach der 2,5 km langen Abfahrt nach Elmstein sollten wir eine Runde durch den Ort drehen, ehe wir zum Kuckucksbahnhof zurückkehren.

Am südlichen Ortsrand können wir einen Spaziergang zum Rehfelsen unternehmen. Der Aussichtspunkt bietet einen fantastischen Blick auf die Ortschaft und die gegenüberliegende Burg Elmstein. Die Burgruine ist in Privatbesitz. Anschließend lohnt sich der Besuch des Museums Alte Samenklenge (Öffnungszeiten siehe www.samenklenge.de). Zum Abschluss der Tour locken das Eiscafé Grotta Azzura oder das Bistro Minigolf in unmittelbarer Nähe des **Kuckucksbahnhofs (P 1/Ziel)** zur Einkehr. Und zur Keschdezeit im Herbst kann man Esskastanien entweder selbst sammeln oder am Straßenrand kaufen. Wer vorher probieren will – die Gastronomie hat leckere Variationen von Kastaniengerichten auf der Speisekarte.

Fazit

Ein Geheimtipp abseits des Trubels im Herzen des Pfälzerwalds. Da die Tour nicht als Themenradweg beschildert ist, das Navi bzw. Smartphone nicht vergessen. In den Anstiegen lohnt sich ein Pedelec/E-Bike. An Badesachen denken, der Helmbachweiher ist fantastisch!

TourTipps

- Tourist-Info Elmstein, Bahnhofstraße 60, 67471 Elmstein, 06328/234, www.vg-lambrecht.de
- Tourist-Info Tal vital Lambrecht, Sommerbergstraße 3, 67466 Lambrecht/Pfalz, 06325/181110, www.vg-lambrecht.de

- NaturFreundeHaus Elmstein, Esthaler Straße 63-67, 67471 Elmstein-Harzofen, 06328/229, www.naturfreundehaus-elmstein.de
- Wolfsschluchthütte, 67471 Esthal, 06328/1386, www.pwv-esthal.de
- P4 Kloster Café im Kloster Esthal, Klosterstraße 60d, 67472 Esthal, 06325/95420, www.kloster-esthal.de
- Wald- und Sportgaststätte ASV Esthal, Hauptstraße 1, 67472 Esthal, 06325/389, www.asv-esthal.de
- Altes Forsthaus, Sattelmühle 2, 67468 Esthal, 06325/9894660, www.forsthaus-sattelmuehle.de
- P6 Burgschänke Burg Spangenberg, Schankentalstraße 6, 67466 Erfenstein, 06325/2027 oder 9888138, www.burg-spangenberg.de
- P7 Forsthaus Breitenstein, 67466 Breitenstein, 06328/227, www.forsthausbreitenstein.de
- P8 Roth's Kiosk am Naturbadesee Helmbachweiher, K 18, 67471 Elmstein-Helmbach
- Waldschänke Hornesselwiese, Hornesselwiese, 67471 Elmstein, 06328/982010, www.hornesselwiese.eu
- P9 Gasthaus Stilles Tal, Hornesselwiese 2, 67471 Elmstein, 06328/9849266
- Hotel-Gasthof Pfälzer Hof, Dorfstraße 97, 67471 Elmstein-Iggelbach, 06328/252, www.pfaelzer-hof.info
- Eiscafé Grotta Azzurra, Alte Forststraße 1, 67471 Elmstein, 06328/989367, www.grotta-azzurra-elmstein.de
- Bistro Minigolf, Bahnhofstraße 52, 67471 Elmstein, 0151/15288412, www.minigolf-elmstein.eatbu.com

- Naturbadesee Helmbachweiher, K 18, 67471 Elmstein-Helmbach, www.vg-lambrecht.de

Tour Download: **BT81XX7** (für GPS-Geräte)

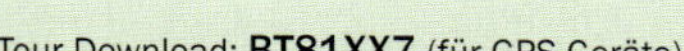

scan to go®

08 Südwestpfalz-Runde

Die Tour führt von Zweibrücken bergauf-bergab zum Wendepunkt am Ortsrand von Weselberg und verknüpft hin und zurück Abschnitte der drei Radwege Südwestpfalz-Tour, Sickinger Mühlenradweg und Pirminius-Radweg. Die Kurzstrecke durch das Mühlental ist nicht minder attraktiv.

Start/Ziel: Zweibrücken Hbf, Poststraße 37, 66482 Zweibrücken

N 49° 14' 49.2" E 7° 21' 25.4"

Anfahrt: A 8 bis Ausfahrt 32 Zweibrücken, L 471 Richtung Contwig folgen, auf Höhe Niederauerbach bei Abzweig Fasanerie rechts abbiegen

Parkplatz: Waldparkplatz Tschifflick am Fuß des Fasanenbergs, Fasanerie, 66482 Zweibrücken

Zug: Bahnstrecke Pirmasens – Saarbrücken RB 68 bis Zweibrücken Hbf

Variante kurz:

52.1 km 4h 20min 630 ↑ ↓ 630

61.9
km
5h 10min
800
800
Anspruch
Weselberg
P6 Abzweig Sickinger Mühlenradweg
Südwestpfalz-Tour
A 62
Wallhalb
Pizzeria Memo
Wallhalben
P5
Saalstadt
Schmitshausen
P4 Schmitshauser Aussichtsturm
Südwestpfalz-Tour
Sickinger Mühlenradweg
B 270
P7 Landhotel Weihermühle
Battweiler
P3 Prot. Kirche Battweiler
Sickinger Mühlenradweg
Waldfischbach-Burgalben
Thaleischweiler-Fröschen
Wallhalb
P8 Abzweig Pirminius-Radweg
ontwig
Rieschweiler-Mühlbach
Schwarzbach
Pirminius Radweg
Pirminius Radweg
B 270
Rodalben
A 62
Dellfeld
P9 Bahnhof Dellfeld
B 10
Pirmasens
A 8
südwestpfalz tour
sickinger mühlenradweg
pirminius radweg
2 km
P6: Abzweig Sickinger Mühlenradweg
P7: Landhotel Weihermühle
P8: Abzweig Pirminius-Radweg
P9: Bahnhof Dellfeld
P10: Fasanerie
P2: Abzweig Südwestpfalz-Tour
P1: Hbf Zweibrücken
0
25,0
30,0
35,0
40,0
45,0
50,0
55,0
60,0 61,9
2h
2h35min
3h10min
4h
4h45min 4h55min 5h10min

Zwischen Wald und Wiesen

P1
Start

Die Strecke beginnt am **Hbf Zweibrücken (P 1)** und verbindet Abschnitte der Themenrouten Südwestpfalz-Tour, Sickinger Mühlenradweg und Pirminius-Radweg zu einer Rundtour. Auf der **Langstrecke** erwarten uns zwei heftige Anstiege, die aber mit dem E-Bike/Pedelec ihren Schrecken verlieren. Im Mühlental und auf der Battweiler Höhe verläuft die Route teilweise auf Feld- und Forstwegen. Bei Nässe kann es hier matschig sein.

Vom Bahnhof folgen wir der Ausschilderung von Südwestpfalz-Tour und Pirminius-Radweg durch die Herzogsvorstadt mit dem prächtigen historischen Gebäudeensemble am Herzogplatz. Auf dem nächsten Kilometer säumen Platanen den Weg entlang des kanalisierten Schwarzbachs. Im Frühjahr sind die ausladenden Bäume der Doppelallee beliebte Nistplätze von Saatkrähen. Entsprechend laut geht es zu, und wir erleben eventuell unliebsame Überraschungen von oben.

Beim Zufluss des Auerbachs in den Schwarzbach trennen sich die Südwestpfalz-Tour und der Pirminius-Radweg. Wer mit dem Auto auf dem Wanderparkplatz Tschifflick parkt, erreicht den Abzweig der **Südwestpfalz-Tour (P 2)** von der Gegenrichtung. Der Radweg zieht sich sanft ansteigend entlang der L 489 nach Oberauerbach, wo wir das Auerbachtal in Richtung Battweiler verlassen.

P2
3.0 km
15 min

Die Herzogsvorstadt

Schmitshauser Aussichtsturm

NSG Battweiler Höhe

P3
10.1 km
50min

Im idyllischen Tal des Mansbachs folgt ein Streckenabschnitt auf der Kreisstraße. Nach einer Verschnaufpause an der protestantischen Kirche Battweiler (P 3) beginnt der Steilanstieg auf die Battweiler Höhe. Nun lohnt sich ein E-Bike/Pedelec. Wer die Hochfläche erklommen hat, genießt den herrlichen Rundblick über die weite Hügellandschaft mit Wiesen, Wald und Ackerflächen. Der mitunter böig über den Höhenrücken fegende Wind kann die Fahrt jedoch erschweren.

P4
14.9 km
1h 15min

Auf dem welligen Plateau geht es weiter zur Schmitshauser Höhe, die ein kleiner Turm ziert. Der Schmitshauser Aussichtsturm (P 4) ähnelt einem Hochsitz. Über eine „Hühnerleiter" klettern wir nach oben und erfreuen uns an der schönen Aussicht.

Anschließend passieren wir das Rosendorf Schmitshausen und rollen den steilen Hang ins Tal der Wallhalb hinab. Der

Landgrafenmühle

Kirche Allerheiligen

Sickinger Höhe

Fluss ist Namensgeber des Ortes Wallhalben. Das Wallhalbtal ist als „das Mühlental“ bekannt. In Wallhalben lohnt sich der Abstecher zu dem am Ortsrand gelegenen Hotel Restaurant Landgrafenmühle. Es ist das Paradebeispiel einer liebevoll restaurierten Mühle. Im Ortszentrum trennen sich bei der Pizzeria Memo (P 5) die Kurz- und Langstrecke.

P5
17.5 km
1h 30min

Die Kurzstrecke zweigt ins Mühlental ab und passiert die Kneispermühle. In dem beliebten Ausflugslokal kann man nicht nur prima einkehren, die denkmalgeschützte Mühle mit Stallungen und herumwatschelnden Gänsen bietet Mühlenromantik pur. Alle zwei Jahre, immer im Wechsel mit dem Grumbeeremarkt in Wallhalben, findet der Erlebnistag „Autofreies Wallhalbtal“ statt. Dann ist das Mühlental fest in der Hand von Radfahrern, Skatern und Wanderern.

Variante
kurz

Kirche Thaleischweiler

Die Langstrecke führt in steilem Anstieg zurück auf die Sickinger Höhe. Die Hochfläche ist landwirtschaftlich geprägt und gilt als Kornkammer der Pfalz. Doch Wind und Wasser sorgen für Erosion und tragen den fruchtbaren Muschelkalkboden peu à peu ab. Nach Saalstadt begleitet der Radweg die L 473 zum Ortsrand von Weselberg, wo wir die Südwestpfalz-Tour verlassen und auf den Sickinger Mühlenradweg (P 6) abzweigen.

P6
24.2 km
2^{h}

Vor uns liegt ein herrlicher Streckenabschnitt im Pfälzer Mühlenland. Von der Hochfläche rollen wir hinab ins Schauerbachtal, in dem sich das Landhotel Weihermühle (P 7) für eine Verpflegungspause anbietet. Nach dem Hotel- und Wellnesskomplex genießen wir die Ruhe und Natur des abgeschiedenen Tals, ehe sich beim Zusammenfluss von Schauerbach und Wallhalb Kurz- und Langstrecke vereinen.

P7
30.5 km
$2^{h} 35^{min}$

An der Faustermühle sagen wir dem Mühlental Adieu und folgen der L 477 zum Ortsrand von Thaleischweiler-Fröschen, wo wir auf den Abzweig des Pirminius-Radwegs (P 8) treffen. Der Radweg ist nach dem heiligen Pirminius benannt, der Anfang des achten Jahrhunderts als Missionar tätig war und zahlreiche Klöster gründete. Weiter geht es entlang der Bahnlinie, die durch das Schwarzbachtal führt. Einen Abstecher lohnt die ein paar Meter vom Radweg entfernte Kapellenruine Meisenbach, letztes Zeugnis des längst verlassenen gleichnamigen Ortes.

P8
38.1 km
$3^{h} 10^{min}$

In der Talaue des Schwarzbachs sind seit einigen Jahren wieder Störche heimisch und staksen im Frühling und Sommer über die Uferwiesen. Der Pirminius-Radweg wechselt mehrfach die Flussseite und zieht sich im Tal von Ort zu Ort. Nach dem Bahnhof Dellfeld (P 9) führt die Strecke idyllisch entlang des renaturierten Schwarzbachs nach Contwig. Vor der Ortschaft bevölkert eine zutrauliche Nutriafamilie den Schilfbereich des Bachs. Die kleinen Nager sehen zwar putzig aus und sind überhaupt nicht scheu, dennoch sollten wir sie keinesfalls füttern.

Beim Wirtshaus Alter Bahnhof lohnt sich ein Abstecher zum ehemaligen Landgut Tschifflick des polnischen Exilkönigs Stanislaus I. In dem einstigen Lustgarten bezaubern die barocke

Weihermühle

Wer hat Vorfahrt?

Im Mühlental

Am Schwarzbach

Die Flaniermeile

Fasanerie

P10
57.4 km
4h 45min

Gartenanlage und der Wildrosengarten. Das Romantik-Hotel Landschloss Fasanerie (P 10) ist mit zwei Restaurants ein beliebtes Ausflugsziel.

Nach dem Wanderparkplatz Tschifflick (Start/Ziel für Autofahrer) passieren wir am Ortsrand von Niederauerbach den Abzweig der Südwestpfalz-Tour (P 2). Auf dem Weg zum Bahnhof lockt der direkt am Radweg gelegene Valentins Biergarten zum Einkehrschwung. Zweibrücken nennt sich stolz Rosenstadt. Nicht nur Gartenfreunde kommen beim Besuch des Rosengartens auf ihre Kosten. Das Areal bietet neben rund 1.500 Rosensorten Themengärten, Schmuckbeete, eine Wasserwelt, Picknickwiese, Spielplatz und ein gastronomisches Angebot.

Entlang der Pferderennwiese kehren wir auf der Flaniermeile in die barocke Herzogsvorstadt zurück, die während der Blütezeit des Herzogtums Pfalz-Zweibrücken von Christian IV. errichtet wurde. Wer will, kann noch einen Schlenker zum Schlossplatz mit der ehemaligen herzoglichen Residenz unternehmen. Während die Herzogsvorstadt den 2. Weltkrieg unbeschadet überstanden hat, wurde Zweibrücken kurz vor Kriegsende fast vollständig zerstört. Das Residenzschloss wurde 1965 wiederaufgebaut. Am Hbf Zweibrücken (P 1/Ziel) endet unsere Runde durch die Südwestpfalz.

Fazit

Eine meiner Lieblingstouren, auf der sich idyllische Täler und Höhenzüge mit herrlichen Fernblicken abwechseln. Dazu herzoglicher Glanz, romantische Mühlen und viel Rosenpracht. Wegen der Anstiege empfiehlt sich ein Pedelec/E-Bike.

TourTipps

- Tourist-Info Zweibrücken, Maxstraße 1, 66482 Zweibrücken, 06332/871-471, www.zweibruecken.de
- Tourist-Info Pfälzer Mühlenland, Hauptstraße 26, 66917 Wallhalben, 06334/441-239, www.pfaelzer-muehlenland.de

- Hotel Rosengarten am Park, Rosengartenstraße 60, 66482 Zweibrücken, 06332/977-0, www.rosengarten-am-park.de
- Valentins Wirtshaus & Biergarten, Geschwister-Scholl-Allee 13, 66482 Zweibrücken, 06332/4814432, www.valentins-biergarten.com

P5
- Pizzeria Memo, Zweibrücker Straße 2, 66917 Wallhalben, 06375/993414
- Hotel-Restaurant Landgrafenmühle mit Landbar, Landstuhler Straße 48, 66917 Wallhalben, 06375/99453-0, www.landgrafenmuehle.de und www.land-bar.de
- Waldgaststätte Kneispermühle, Kneispermühle 1, 66917 Kneispermühle, 06375/203, www.kneispermuehle.de

P7
- Landhotel Weihermühle, Weihermühle 1, 66919 Herschberg, 06334/5584, www.landhotel-weihermühle.de
- Die kleine Mühle, Weihermühle 2, 66919 Herschberg, 06334/983666, www.die-kleine-mühle.de

P8
- Ristorante Pizzeria Ortigia, Hauptstraße 27, 66987 Thaleischweiler, 06334/9849887, www.ristorante-pizzeria-ortigia.eatbu.com
- Classico, Hauptstraße 98, 66497 Contwig, 06332/569700, www.classico-trattopizza.de

P10
- Restaurant Landhaus im Romantik Hotel Landschloss Fasanerie, Fasanerie 1, 66482 Zweibrücken, 06332/973-0, www.landschloss-fasanerie.com
- Alter Bahnhof, Annweiler Straße 2, 66482 Zweibrücken, 06332/460813, www.alter-bahnhof.net

- Wheelsports, Zeisselstraße 5, 66919 Weselberg, 06333/602395, www.wheelsports.de
- Compression-X, Pirmasenser Straße 18, 66497 Contwig, 06332/809030, www.compression-x.de
- Radsport Sieber, Fruchtmarktstraße 21, 66482 Zweibrücken, 06332/568199, www.radsport-sieber.de

- Freibad Zweibrücken, Landauer Straße 111, 66482 Zweibrücken, 06332/41045, www.freibad-zw.de

Tour Download: **BT8X9X8** (für GPS-Geräte)

Startpunkte finden mit **scan to go**®

09 Dynamikum-Radweg

Die Tour beginnt in Pirmasens und führt vom Technikmuseum Dynamikum auf Forstwegen durch zwei einsame Mühlentäler. In Niedersimten besteht die Gelegenheit zu Abstechern zum Westwallmuseum und dem Naturfreundehaus.

Start/Ziel: Pirmasens Hbf, Bahnhofstraße 50, 66953 Pirmasens

N 49° 12‘ 23.0“ E 7° 35‘ 51.7“

Anfahrt: A 62 bis Ausfahrt 15 Pirmasens, B 10 bis Pirmasens-Nord folgen, auf Höhe Burger-King bei Kreuz mit B 270 auf Turnstraße abbiegen, von Turnstraße links auf P&R am Hbf Pirmasens abzweigen

Parkplatz: Siehe Start/Ziel, Parkplatz am Hbf Pirmasens

Zug: Bahnstrecken Pirmasens – Landau RB 55, Pirmasens – Kaiserslautern RB 64 und Pirmasens – Saarbrücken RB 68 bis Pirmasens Hbf

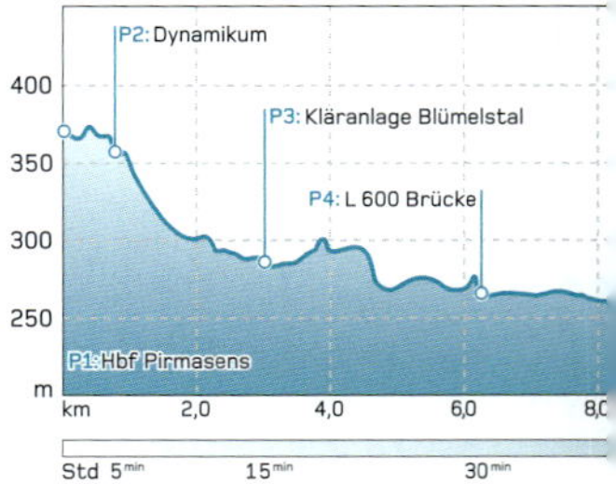

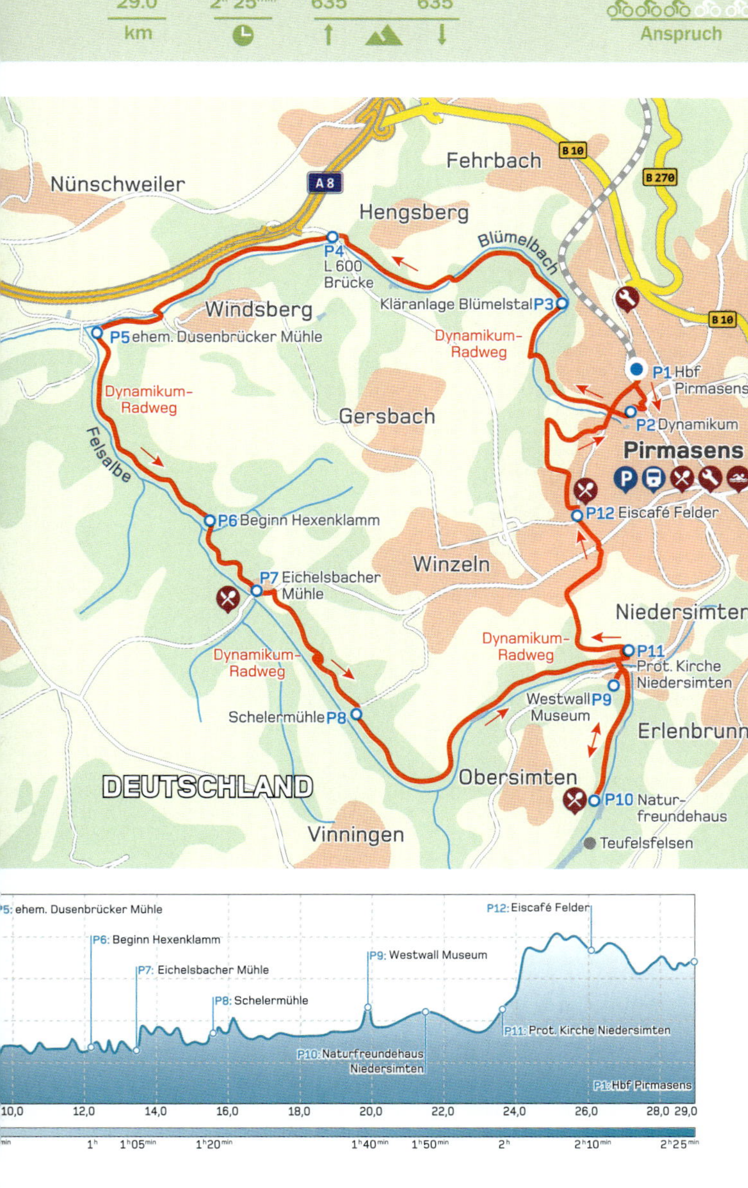
29.0
km
2h 25min
635
635
Anspruch
A 8
B 10
B 270
B 10
Nünschweiler
Fehrbach
Hengsberg
Blümelbach
P4
L 600
Brücke
Windsberg
Kläranlage Blümelstal P3
P5 ehem. Dusenbrücker Mühle
Dynamikum-
Radweg
P1 Hbf
Pirmasens
Dynamikum-
Radweg
Gersbach
P2 Dynamikum
Felsalbe
Pirmasens
P6 Beginn Hexenklamm
P12 Eiscafé Felder
Winzeln
P7 Eichelsbacher
Mühle
Niedersimten
Dynamikum-
Radweg
Dynamikum-
Radweg
P11
Prot. Kirche
Niedersimten
Westwall P9
Museum
Schelermühle P8
Erlenbrunn
DEUTSCHLAND
Obersimten
P10 Natur-
freundehaus
Vinningen
Teufelsfelsen
P5: ehem. Dusenbrücker Mühle
P6: Beginn Hexenklamm
P7: Eichelsbacher Mühle
P8: Schelermühle
P9: Westwall Museum
P10: Naturfreundehaus
Niedersimten
P11: Prot. Kirche Niedersimten
P12: Eiscafé Felder
P1: Hbf Pirmasens
10,0
12,0
14,0
16,0
18,0
20,0
22,0
24,0
26,0
28,0 29,0
1h
1h05min
1h20min
1h40min
1h50min
2h
2h10min
2h25min

Uff - basse!

P1
Start

Los geht es am Hbf Pirmasens (P 1). „Bärmesens" erlebte seine Blüte als Garnisons- und Residenzstadt im 18. Jahrhundert und als Schuhstadt in den 1960er-Jahren. Damals wurde jeder zweite in Deutschland getragene Straßenschuh in Pirmasens hergestellt.

P2
0.7 km
5min

In dem eindrucksvollen Gebäude der ehemaligen Schuhfabrik befinden sich heute u.a. das Dynamikum Science Center Pirmasens (P 2) (www.dynamikum.de) und die Tourist-Info. Vom Hauptbahnhof ist das Dynamikum weniger als einen Kilometer entfernt. In dem Technikmuseum ist Mitmachen erwünscht. Im Mittelpunkt steht das Thema Bewegung. Das Dynamikum bietet über 160 interaktive Experimentierstationen zum Entdecken, Anfassen und Ausprobieren.

An das ehemalige Rheinberger-Gebäude grenzt der Strecktalpark als grüne Insel mitten in der Stadt an. Der abwechslungsreiche Landschaftspark dient mit seinen Grünflächen, Gehölzen und dem kleinen See der Erholung, bietet aber auch Spiel- und Sportgelegenheiten. Der Radweg führt entlang des Parks in das Strecktal, das nahtlos in das Blümelstal übergeht. Ein Wermutstropfen: Der Großteil ist nicht asphaltiert und verläuft auf Forstwegen mit wassergebundener Decke. Schlaglöcher sind keine Seltenheit. Bei Nässe und während der Holzernte können die Wege matschig sein. Also gut „uffbasse!"

P3
3.0 km
15min

Entlang des Radwegs weisen Infotafeln auf Besonderheiten am Streckenrand hin: Es geht um historische Ereignisse wie die Schlacht bei Pirmasens, um geologische Besonderheiten, Naturdenkmäler, um sagenhafte Orte und um die vielen ehemalige Mühlenstandorte. Das Blümelstal ist auf seiner ganzen Länge autofrei. Wir passieren die Kläranlage Blümelstal (P 3) und tauchen weiter in das enge, schattige Tal ein.

Das Blümelstal sah nicht immer so idyllisch aus wie heute. Im Tal reihte sich einst Mühle an Mühle. Zeitweise diente der Bachlauf als Kloake für die Industrieabwässer der Pirmasenser Schuhfabriken. In den 1970er-Jahren wurden der Blümelsbach begradigt und die Feuchtwiesen trockengelegt. Im Zuge dessen entstand auch die Kläranlage. 1999 begann man den Bach

L 600 Brücke

zu renaturieren. Heute können wir einen gewundenen, munter dahinplätschernden Bach und Idylle pur genießen.

P4 6.2 km 30 min

Wir kommen am Naturdenkmal Bösbrunnen und an mehreren ehemaligen Mühlenstandorten vorbei, ehe wir unter der gewaltigen **Brücke der L 600 (P 4)** hindurchfahren, die das Tal überspannt. Nach den mächtigen Brückenstelzen sind Wasserbüffel, die im „Dschungel" des Blümelstals grasen, der nächste Blickfang. Die Wasserbüffelherde ist „im Dienst der Landschaftspflege tätig" und verhindert die zunehmende Verbuschung der Talaue.

P5 9.4 km 45 min

In Nähe der ehemaligen **Dusenbrücker Mühle (P 5)** mündet der Blümelsbach in die Felsalbe. Vom Waldrand haben wir einen schönen Blick auf den Weiler Dusenbrücken. Ohne es zu merken, wechseln wir vom Blümelstal in das ebenso einsame wie idyllische Felsalbtal. In dichtem Wald führt der Dynamikum-Radweg an zwei kleinen Weihern vorbei.

P6 12.2 km 1 h

Seitlich zweigt ein tief eingeschnittenes Tälchen ab, es handelt sich um den Beginn der **Hexenklamm (P 6)**. Wenn wir die Fahrräder abstellen, können wir auf dem Wanderweg Hexenklamm in der urigen Schlucht zu mehreren Wasserfällen und Kaskaden hinaufkraxeln.

Im Felsalbtal

Wasserbüffel im Blümelstal

Wer nach einer Einkehrgelegenheit sucht, muss bei der Querung der L 482 Acht geben. Die **Waldgaststätte Eichelsbacher Mühle (P 7)** (Öffnungszeiten beachten!) liegt nicht direkt am Radweg, sondern auf der anderen Uferseite der Felsalb an der L 482. Anschließend folgt der Radweg einem Hangweg, ehe er abrupt die Richtung wechselt und in einer Kehre ins Tal zurückführt.

P7
13.4 km
1h 05min

Eine Infotafel erinnert an die Westwallanlagen, ehe wir die **Schelermühle (P 8)** passieren. Entlang einer Bachschleife der Felsalb kommen wir an der leider nicht mehr bewirtschafteten Rehmühle vorbei. Die Mühle wurde vor gut 200 Jahren wieder aufgebaut, nachdem ein Unwetter die alte Rehmühle samt Wohnhaus, Scheune und Stallung weggespült hatte und dabei acht Menschen ertranken.

P8
15.6 km
1h 20min

Nach der Littersbacher Mühle erreichen wir Niedersimten, wo zwei Abstecher lohnen: Am Ortsrand liegt das **Westwall-Museum (P 9)** (www.westwall-museum.de). Von außen wirken Panzer und Stollenzugänge skurril. Das Museum ist in einem unterirdischen Teil des ehemaligen Festungswerkes Gerstfeldhöhe eingerichtet. Es versteht sich als Mahnmal für den Frieden und beschäftigt sich mit dem 2. Weltkrieg und der Geschichte des Westwalls.

P9
19.9 km
1h 40min

Prot. Kirche Niedersimten

P10
21.6 km
1h 50min

Der zweite Abstecher führt uns im Gersbachtal zum **Naturfreundehaus Niedersimten (P 10)**, das sich für einen Einkehrschwung anbietet. Ein paar Meter vom Naturfreundehaus entfernt, spiegeln sich die Bäume in einem idyllischen Waldsee. Es lohnt sich auch noch ein Stück ins Gersbachtal hineinzufahren. Mit dem Haspel- und Teufelsfelsen, sind zwei markante Felsformationen vom Tal fußläufig gut zu erreichen.

P11
23.6 km
2h

Zurück auf dem Dynamikum-Radweg liegt am Ortsrand von Niedersimten der steile Anstieg nach Pirmasens vor uns. Die Steigung beginnt mit zwei Kehren. Wir strampeln an der protestantischen **Kirche Niedersimten (P 11)** vorbei und erklimmen die Hochfläche. Auf diesem Streckenabschnitt lohnt sich ein E-Bike/Pedelec.

Im Stadtgebiet von Pirmasens rollen wir durch das Winzler Viertel. Wer leckeres Eis mag, sollte sich im **Eiscafé Felder (P 12)** eine Pause gönnen. Von einer Freifläche haben wir danach einen herrlichen Blick auf die Sieben-Hügel-Stadt Pirmasens. Der Vergleich mit Rom hinkt gewaltig, doch eindrucksvoll ist das Stadtpanorama allemal.

Auf der Streckbrücke fahren wir anschließend über den Strecktalpark hinweg und können entweder direkt zum **Hbf Pirmasens (P 1/Ziel)** zurückkehren oder uns im Park erholen, die Innenstadt mit Schloss- sowie Exerzierplatz besuchen und uns im Dynamikum umsehen. Zudem ist Pirmasens nach wie vor eine Schuhstadt und bietet zahlreiche Gelegenheiten zum Kauf neuer Schuhe.

Fazit

Ein Geheimtipp abseits des Trubels mit wildromantischen Tälern und der Schuhstadt Pirmasens mit dem Technikmuseum Dynamikum. Aufgrund vieler Streckenabschnitte auf Forst- und Waldwegen bei trockenem Untergrund fahren.

TourTipps

- Tourist-Info Pirmasens (im Rheinberger-Gebäude), Fröhnstraße 8, 66954 Pirmasens, 06331/23943-21, www.pirmasens.de

- Eichelsbacher Mühle, Eichelsbacher Mühle 1, 66957 Vinningen, 06331/8089921, www.eichelsbachermuehle.com
- Naturfreundehaus Niedersimten, Gersbachtal 100, 66955
P10 Pirmasens-Niedersimten, 06331/46288, www.naturfreunde-niedersimten.de
P12 ▪ Eiscafé Felder, Alte Winzler Straße 5, 66954 Pirmasens, 06331/99929, www.eiscafefelder.de
- Matz Parkgarten & Vesperstube im Naturheil, Alte Winzler Straße 30, 66954 Pirmasens, 06331/6739660, www.matz-gastro.com
- Kuchems Brauhaus, Schlossstraße 44, 66953 Pirmasens, 06331/213894, www.kuchems-brauhaus.de
- Die Brasserie, Landauer Straße 103-105, 66953 Pirmasens, 06331/7255544, www.diebrasserie-ps.de
- Jugendherberge Pirmasens, Schützenstraße 12-14, 66953 Pirmasens, 06331/808180, www.jugendherberge.de

- Zweirad Stocker, Pirminiusstraße 2, 66954 Pirmasens, 06331/98034, www.zweirad-stocker.de
- Fahrradladen Pirmasens, Hillstraße 1, 66953 Pirmasens, 06331/7264034, www.fahrradladen-ramstein.de

- Pirmasenser Luft- und Badepark PLUB, Lemberger Straße 41, 66955 Pirmasens, 06331/7250-0, www.plub.de

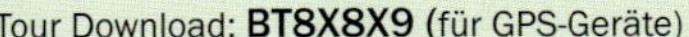

Tour Download: **BT8X8X9** (für GPS-Geräte)

Startpunkte finden mit scan to go®

10 Gräfensteiner Land

Von Rodalben geht es hoch hinaus über Merzalben, Hinterweidenthal und Müchweiler zurück nach Rodalben. Die Tour führt durch herrliche Täler und ruhige Wälder, erinnert mit verlassenen Bunkern an den Kalten Krieg und bietet Highlights wie den Teufelstisch und die Burg Gräfenstein.

Start/Ziel: Wanderbahnhof Rodalben, Bahnhofstraße, 66976 Rodalben

N 49° 14‘ 21.7“ E 7° 37‘ 54.7“

Anfahrt: A 62 bis Ausfahrt 14 Thaleischweiler-Fröschen, L 477 Richtung Rodalben folgen, rechts auf B 270 abbiegen, im Kreisverkehr 2. Ausfahrt abfahren und L 497 nach Rodalben folgen

Parkplatz: Siehe Start/Ziel, in der Bahnhofstraße beim Wanderbahnhof Rodalben

Zug: Bahnstrecke Pirmasens – Landau RB 55 bis Wanderbahnhof Rodalben

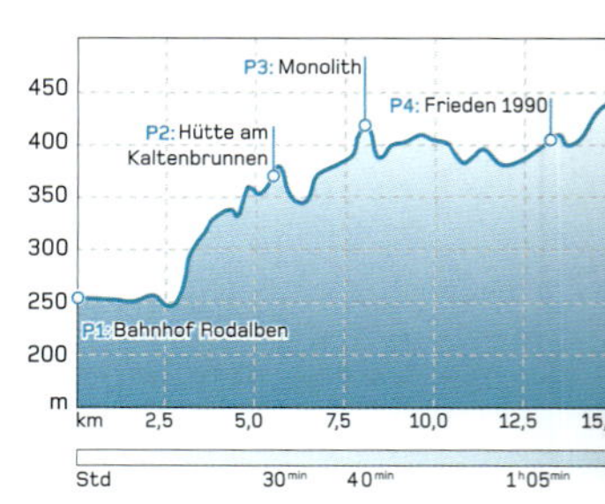

51.2
km
4h 15min
1085
1085
Anspruch
Waldfischbach-
Burgalben
P5 Röderhof
Leimen
2 km
Solarpark
Clausen
Clausen
Greifen-
steiner
Land
P4 Frieden 1990
Merzalben
Gräfensteinhütte P6
P7
Burg
Gräfenstein
Greifen-
steiner
Land
P10 Münchweiler
Münchweiler
an der Rodalb
Greifen-
steiner
Land
B 10
B 10
Annaweiher P9
Hinterweidenthal
Ruppertsweiler
Parkplatz Erlebnispark P8
Teufelstisch
P5: Röderhof
P6: Gräfensteinhütte
P7: Burg Gräfenstein
P8: Parkplatz Erlebnispark
P9: Annaweiher
P10: Münchweiler
P1: Bahnhof Rodalben
7,5
20,0
22,5
25,0
27,5
30,0
32,5
35,0
37,5
40,0
42,5
45,0
47,5
51,2
1h35min
2h05min
2h15min
3h10min
3h20min
3h40min
4h15min

10 Geschichte erfahren

Wir starten am Wanderbahnhof Rodalben (P 1) und folgen dem Radweg Gräfensteiner Land stadtauswärts. Die ersten 2,8 km verlaufen flach im Tal der Rodalbe und eignen sich zum Einrollen. Dem Anspruch „Traumtour" wird der Streckenabschnitt entlang des Gewerbemischgebiets und der L 497 jedoch nicht gerecht. Das ändert sich, nachdem die Route kurz vor der Einmündung der K 27 in das bewaldete Hanggelände des Bieberbergs abzweigt.

P1
Start

Vor uns liegt der erste Anstieg des Tages. Auf einem Forstweg strampeln wir Meter um Meter nach oben und können an der Pfälzerwald-Verein-Hütte am Kaltenbrunnen (P 2) verschnaufen. Die Hütte bietet Sitzgelegenheiten, eine Grillstelle und Brunnenwasser, ist jedoch nicht bewirtschaftet. Der Radweg knickt danach scharf nach Westen ab, ehe wir den schattigen Wald verlassen und das Panorama auf der Hochfläche mit Feldern, Weiden und Streuobstwiesen genießen dürfen.

P2
5.5 km
30min

In der Ortschaft Donsieders lohnt sich der Abstecher zu dem Wahrzeichen des Dorfes. Ein Steilanstieg führt die Höhgasse hinauf zu einem Sandsteinmonolith (P 3), der auf einer Anhöhe stolze acht Meter in die Höhe ragt. Ein herrliches Plätzchen zum Verweilen mit wunderbarer Aussicht auf Donsieders und die Sickinger Höhe.

P3
8.0 km
40min

Von Donsieders geht es über das freie Hochplateau nach Clausen, wo wir nach dem markanten weißen Wasserturm auf dem Enzenbühl am Ortsende in ein Gewerbemischgebiet abbiegen. Es folgt ein weitläufiges Waldgebiet, in dem wir an einer Weggabelung an einem großen Sandsteinkreuz mit der Aufschrift „Frieden 1990" (P 4) vorbeifahren.

P4
13.1 km
1h 05min

Das Friedenskreuz erinnert als Mahnmal an den Kalten Krieg und die Lagerung chemischer Waffen in diesem Waldgebiet. In einem ehemaligen US-Depot wurden ganz in der Nähe jahrelang Chemiewaffen gelagert, ohne dass es die Bevölkerung wusste. Im Sommer 1990 wurden die Giftgasgranaten in der Operation Lindwurm abtransportiert und später vernichtet. Der Konvoi aus Sattelschleppern und Begleitfahrzeugen schlängelte sich damals lindwurmartig durch den Pfälzerwald. Das

Beim Sandsteinmonolith

Gelände des ehemaligen US-Depots unterhalb des Hesselsbergs liegt abseits des Radwegs und ist inzwischen in einen Solarpark umgewandelt worden.

Der US-Armee verdanken wir die breite, asphaltierte Straße, auf der wir kilometerlang durch den einsamen Mischwald rollen. Die asphaltierten Abschnitte führen zu ehemaligen Militärdepots, die heute allenfalls zur Lagerung von Heuballen genutzt werden. Nach dem von Wald, Feldern und Pferdekoppeln umringten Weiler Röderhof (P 5) geht es steil bergab in das Ringelstal. Anfangs verläuft der Radweg auf doppelspurigen Betonplatten, anschließend auf teils holprigem Untergrund im Talkessel.

Blick auf das Waldmeer vom Bergfried

Blick auf Clausen

Am Ortsrand von Merzalben taucht das Wahrzeichen des Gräfensteiner Landes, die Ruine Gräfenstein, vor uns auf. Der Radweg führt durch Merzalben und zweigt am Ortsende auf das Zufahrtssträßchen zur Burg Gräfenstein ab. Ehe wir uns den Hang hinaufarbeiten, lohnt sich ein Abstecher zur idyllisch am Fuß des Schlossbergs gelegenen **Gräfensteinhütte (P 6)**. Bei schönem Wetter ist der Biergarten besonders einladend und gut frequentiert.

P6
24.8 km
2h 05min

Gut erholt nehmen wir sodann den asphaltierten Anstieg zum Wanderparkplatz der Burg Gräfenstein in Angriff. Die Burgruine liegt nicht direkt am Radweg, ist jedoch jederzeit frei zugängig. Den Abstecher vom Wanderparkplatz hinauf zur Burg sollten

Burg Gräfenstein

wir uns nicht entgehen lassen. Wir können zu Fuß vom Parkplatz hinaufsteigen oder mit dem Fahrrad im Bogen auf einem im letzten Abschnitt äußerst steilen Plattenweg hinaufstrampeln (PS: Beim Hinunterfahren auf die Schranke achten!).

P7
27.0 km
2h 15min

Aufgrund ihrer Nähe zu Merzalben und wegen der Lage auf dem Schlossberg wird **Burg Gräfenstein (P 7)** auch Merzalber Schloss genannt. Palas und Bergfried stammen aus der Stauferzeit. Im Dreißigjährigen Krieg wurde die Burg 1635 endgültig zerstört und nicht wieder aufgebaut. Die aufwendig restaurierte Wehranlage besteht aus einer Unterburg als Vorburg und der höhergelegenen Oberburg. Der Blick vom siebeneckigen Bergfried über das Wäldermeer des Pfälzerwalds ist grandios und ein absolutes Highlight (PS: Beim Auf- und Abstieg wegen einiger stockdunkler Treppenstufen an eine Lampe denken).

Wieder im Fahrradsattel, erwartet uns nach dem Wanderparkplatz eine 9 km lange asphaltierte Traumabfahrt durch den Urwald von morgen. Der Radweg verläuft durch das Quellgebiet der Wieslauter, eine der Kernzonen des Biosphärenreservats Pfälzerwald, in denen sich die Natur nach ihren eigenen Gesetzen entwickeln darf. Die Einhaltung des Wegegebots ist für den Schutz der Natur besonders wichtig. Nach einer 180-Grad-Kehre rollen wir im Zieglertal entlang des Wartenbachs und der Wieslauter talwärts, bis wir den Infopavillon und die Bahnunterführung erreichen.

Am Ortsrand von Hinterweidenthal angelangt, bietet sich ein Abstecher zum sagenumwobenen Teufelstisch an. Der rund 14 Meter hohe Felsen in Pilzform ist eines der markantesten Sandsteingebilde des Pfälzerwalds. Wir folgen dem Radweg Pfälzerwald-Tour ein paar Meter, ehe wir vor dem Bahnhof Hinterweidenthal-Ort zum Teufelstisch abbiegen. Das Fahrrad lässt man am **Parkplatz Erlebnispark (P 8)** zurück und steigt zu Fuß zu dem an einen Tisch erinnernden Felsen hinauf.

P8
37.7 km
3h 10min

Nach dem Ausflug zum Teufelstisch radeln wir am Bahnhof Hinterweidenthal vorbei und biegen durch einen Bahntunnel ins Waschtal ab. Am herrlich gelegenen **Annaweiher (P 9)** können wir mit etwas Glück nicht sonderlich scheue Nutrias

P9
39.5 km
3h 20min

Der Teufelstisch

Abfahrt ins Ringelstal

Im Biosphärenreservat

Am Annaweiher

Zutrauliche Nutrias

beobachten, die sich bei der Hans Hemmer-Hütte am See tummeln. Füttern darf man die possierlichen Nagetiere aber nicht.

Anschließend führt der Gräfensteiner Land-Radweg teils in Nähe der Bahnlinie sanft ansteigend durch den herrlichen Mischwald nach **Münchweiler (P 10)**. In der Ortsmitte können wir im einladend gestalteten Bürgerpark eine Verschnaufpause einlegen. Am bewaldeten Hang des Rodalbtals geht es weiter, bis wir nach der Imsbachermühle eine Flussschleife der Rodalb aussparen und über den Ortsteil Neuhof die Spiel-, Sport- und Freizeitanlage am Stadtrand von Rodalben erreichen.

P10
44.1 km
3h 40min

Nun ist es nicht mehr weit zum Ausgangspunkt der Tour, dem **Wanderbahnhof Rodalben (P 1/Ziel)**. Direkt gegenüber dem Bahnhof bietet sich die Gaststätte Altes Postamt zum gemütlichen Tourenausklang an. Wer genug Zeit mitbringt, kann zum Hilschberghaus hinaufradeln und mit Blick auf Rodalben einkehren.

P1/Ziel
51.2 km
4h 15min

Fazit

Eine meiner Lieblingsstrecken! Die Tour begeistert mit tief eingeschnittenen Tälern, wilden Bachläufen, herrlichen Wäldern, fantastischen Aussichten und Highlights wie Burg Gräfenstein. Wegen der Anstiege lohnt sich ein Pedelec/E-Bike.

TourTipps

- Tourist-Info Gräfensteiner Land, Am Rathaus 9, 66976 Rodalben, 06331/234180, www.rodalben.de

- Theos Risto, Hauptstraße 1, 66976 Rodalben, 06331/2270159, www.theosristo.de
- Pizzeria Milano, Hauptstraße 92, 66978 Clausen, 06333/9930920
- P6 Gräfensteinhütte, Im Hafertal, 66978 Merzalben, 06395/7845, www.pwv-merzalben.de
- P8 Hotel und Landgasthof am Teufelstisch, Im Handschuhteich 29, 66999 Hinterweidenthal, 06396/369, www.am-teufelstisch.de
- Brauhaus Ehrstein, Im Handschuhteich 3, 66999 Hinterweidenthal, 06396/1680000, www.brauhaus-ehrstein.de
- P10 Bäckerei Flick & Maly, Hauptstraße 6, 66981 Münchweiler an der Rodalb, 06395/7423, www.baeckerei-flick.de
- Bold's Hotel Restaurant Zum Grünen Kranz, Pirmasenser Straße 2, 66976 Rodalben, 06331/23170, www.boldskranz.de
- Am Spiegelbrunnen, Am Spiegelbrunnen 10, 66976 Rodalben, 06331/2592688, www.spiegelbrunnen-rodalben.jimdofree.com
- Altes Postamt, Poststraße 1, 66976 Rodalben, 06331/804013, www.altes-postamt-rodalben.de
- Hotel Pfälzer Hof - Zum Schokoladengießer - mit Konditorei/Café, Hauptstraße 108, 66976 Rodalben, 06331/17123, www.schokoladengiesser.de
- Ristorante Da Roberto, Hauptstraße 163, 66976 Rodalben, 06331/289134
- Pfälzerwald-Verein Hilschberghaus, Fichtenstraße 1b, 66976 Rodalben, 06331/18020, www.pwvhilschberghaus.de

- Bikeshop Germann, Hauptstraße 146, 66976 Rodalben, 06331/1481981

- Freibad Biebermühle, an der L 477 unterhalb der Burgruine Steinenschloss, 66976 Rodalben-Biebermühle, 0174/3206596, www.rodalben.de

Tour Download: **BT8X71X** (für GPS-Geräte)

Startpunkte finden mit **scan to go**®

11 Burgentour

Die Burgentour beginnt in Annweiler am Trifels und besticht mit fantastischen Burgblicken, den Weinorten Leinsweiler und Eschbach, dem Schuhdorf Hauenstein, der Queichquelle und zahlreichen Sakralbauten. Der Pirminius-Radweg bietet die Gelegenheit zur Abkürzung.

Start/Ziel: Tourist-Info Annweiler, Meßplatz 1, 76855 Annweiler am Trifels

N 49° 12' 14.1" E 7° 57' 53.0"

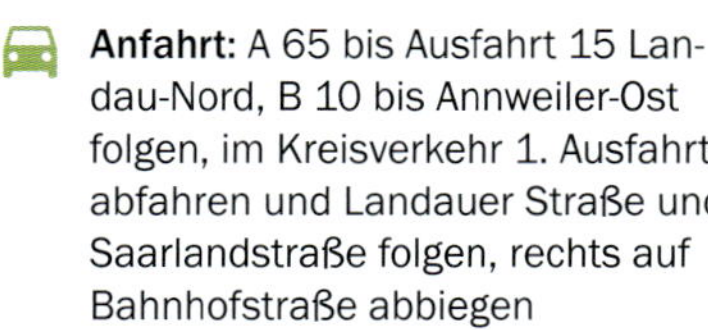

Anfahrt: A 65 bis Ausfahrt 15 Landau-Nord, B 10 bis Annweiler-Ost folgen, im Kreisverkehr 1. Ausfahrt abfahren und Landauer Straße und Saarlandstraße folgen, rechts auf Bahnhofstraße abbiegen

Parkplatz: Parkplätze in der Bahnhofstraße in Nähe des Bahnhofs

Zug: RB 55 Pirmasens – Landau bis Bahnhof Annweiler am Trifels, der Bahnhof ist knapp 250 Meter von der Tourist-Info entfernt

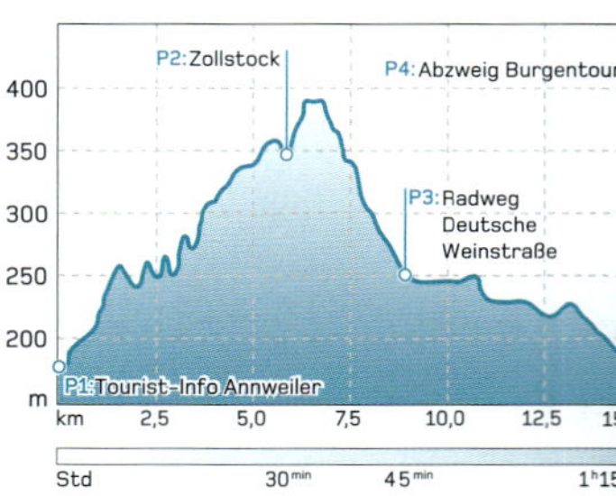

Variante kurz:

41.2 km  3h 25min 785 ↑ ↓ 785

48.9
km
4h 05min
900
900
Anspruch
Rinnthal
P10 ev. Pfarrkirche
Annweiler am Trifels
Tourist-Info P1
Annweiler
Albersweiler
Queich
Godramstein
B 10
P2 Zollstock
Burgen-
tour
P3 Radweg Deutsche
Weinstraße
Landau in
der Pfalz
Leinsweiler
B 48
Völkers-
weiler
Eschbach
P5 St. Sylvester
Burgen-
tour
Mörzheim
Wald-
hambach
Göcklingen
P4 Abzweig Burgentour
B 38
Silz
B 48
pirminius radweg
Queich
2 km
P5: St. Sylvester
Völkersweiler
P8: Queichquelle
P10: ev. Pfarrkirche Rinnthal
P6: Allerheiligen Lug
P9: Dom des Queichtals
P7: Deutsches Schuhmuseum
P1: Tourist-Info Annweiler
17,5
20,0
22,5
25,0
27,0
30,0
32,5
35,0
37,5
40,0
42,5
45,0
48,9
1h50min
2h10min
2h25min
2h45min
3h20min
3h45min
4h05min

Romantische Runde

Los geht es im Zentrum von Annweiler am Trifels vor dem Rathaus, in dem sich auch die Tourist-Info (P 1) befindet. Über der Kleinstadt thront malerisch die Reichsburg Trifels, ein Besuchermagnet und eine der bekanntesten Burgen Deutschlands.

P1
Start

Der Trifels erlebte seine Blüte im Hochmittelalter zur Zeit der Staufer. Im 12. und 13. Jahrhundert verwahrten die deutschen Kaiser und Könige zeitweise die Reichskleinodien wie Krone, Zepter und Reichsapfel auf der Festung. Zu dieser Zeit hieß es „Wer den Trifels hat, hat das Reich“. Die Burg diente auch als Gefängnis. Der prominenteste Gefangene war kein Geringerer als der englische König Richard Löwenherz. Die heutige Burganlage spiegelt 1000 Jahre Bau, Verfall und Wiederaufbau wider. Der Burgbesucher hat es mit der nicht originalgetreuen und nur teilweise restaurierten Ruine der mittelalterlichen Felsenburg zu tun.

Die Route lässt uns kaum Zeit zum Einrollen. Beim Kurpark beginnt der Anstieg am Hang des Trifels. Nun zahlt sich ein E- Bike/Pedelec aus. Wir fahren auf stetig ansteigenden Forstwegen im Halbkreis um die Burg herum, ehe die Burgentour im dichten Laubwald unterhalb der Ruinen Anebos und Scharfenberg entlangführt. Einen schönen Blick auf die Reichsburg und die Burgruinen haben wir im dichten Wald leider nicht.

P2
5.8 km
30 min

Beim Zollstock (P 2), einer Wegmarke, an der sich mehrere Forst- und Wanderwege kreuzen, grenzten die Herrschaftsbereiche der Kurpfalz, des Bistums Speyer und des Herzogtums Pfalz-Zweibrücken aneinander. Am Ort der früheren Zollstation

Reichsburg Trifels

bietet sich der „Wood Stop“, eine futuristisch aussehende Wetterschutzhütte, für eine Verschnaufpause an. Der Radweg führt nicht zur Reichsburg Trifels hinauf. Wer an der Wegkreuzung vor dem Zollstock abzweigt, kann einen Abstecher (Achtung: nicht im Track aufgenommen) zu dem touristischen Hotspot unternehmen.

Nach dem höchsten Punkt der Burgentour liegt die Abfahrt in die Weinberglandschaft der Südlichen Weinstraße vor uns. Vorsicht: Die Waldabfahrt zum Slevogthof ist steil, eng und kann bei Nässe matschig sein. Beim Slevogthof lohnt es sich innezuhalten und den Blick auf Leinsweiler, die Ausläufer des Pfälzerwalds und die Rheinebene zu genießen. Bei entsprechender Thermik kreisen Gleitschirmflieger am Hang. Ein Hingucker ist auch der Slevogthof, ein Herrenhaus aus dem 19. Jahrhundert mit einem markanten, weißen Turm.

P3
8.6 km
45 min

Wir rollen den steilen Weinberghang hinab, bis wir auf den Abzweig der Deutschen Weinstraße (P 3) treffen. Der Radweg Deutsche Weinstraße begleitet die Burgentour auf den nächsten Kilometern durch das Rebenmeer. Mit Leinsweiler passieren wir ein viel besuchtes Weindorf. Hier oder im ebenso idyllisch gelegenen Eschbach bietet sich ein Einkehrschwung an. Ein schönes Fotomotiv sind die im ganzen Dorf verteilten Kunst-Esel, die sich auf den Spitznamen der Eschbacher beziehen.

Eschbach wird von der Madenburg überragt. Wer genug Zeit mitbringt und den schweißtreibenden Abstecher (Achtung: nicht im Track aufgenommen) nicht scheut, kann mit dem Fahrrad zur Burgruine hinaufradeln. Die Strecke ist bis zum Wanderparkplatz am Rothenberg asphaltiert, dann folgt man einem steil ansteigenden Waldweg zur Burg. Im 11. Jahrhundert gehörte die Madenburg zu den größten und gewaltigsten Reichsburgen. Dem Bischof von Speyer diente sie später als befestigtes Renaissanceschloss, ehe die Anlage 1689 von französischen Truppen endgültig zerstört wurde.

Die Südliche Weinstraße ist klimatisch verwöhnt. Neben hervorragendem Wein gehören Esskastanien zu den Besonder-

Slevogthof mit Burgruine Neukastel

Blick auf den Leinsweiler Hof

Im Rebenmeer

heiten der Region. Wer zu Beginn des Frühjahrs hier ist, erlebt mit der Mandelblüte ein weiteres Highlight. Mit Blick auf die Madenburg verlassen wir Eschbach und begleiten die L 508 entlang den endlosen Weinbergreihen bis zum Abzweig der Burgentour (P 4) kurz vor der Kaiserbachermühle.

P4
14.8 km
1h 15min

Wir lassen die mediterran anmutende Landschaft hinter uns und folgen dem Radweg im schmalen Kaiserbachtal entlang der B 48 nach Waldhambach und Waldrohrbach. Anschließend zweigt die Burgentour von der Bundesstraße ab und zieht sich stetig ansteigend durch die Bachaue. In Völkersweiler kommen wir an der katholischen Pfarrkirche St. Sylvester (P 5) vorbei, ehe die Tour über einen Bergsattel hinwegführt. In der abgeschiedenen Gegend passieren wir eine Weidefläche mit Lamas. Die Tiere kann man bei „Pfalz-Lamas“ als Wanderbegleiter buchen.

P5
22.1 km
1h 50min

Wir verabschieden uns von den zotteligen Gesellen und rollen mit Blick auf die Sandsteinformation der Geiersteine in Richtung Lug. Die Ortschaft liegt in einer Talsenke und ist von bewaldeten Hügeln umgeben, aus denen bizarr geformte Standsteinfelsen hervorlugen. In der Ortsmitte biegen wir an der Kirche Allerheiligen (P 6) in Richtung Spirkelbach ab und können auf einer Anhöhe zwischen Kurz- und Langstrecke wählen.

Variante kurz

Die Kurzstrecke zweigt auf den Pirminius-Radweg ab und führt über Sprinkelbach nach Wilgartswiesen, wo wir beim Dom des Queichtals (P 9) auf die Langstrecke zurückkehren.

Die Langstrecke folgt der Burgentour durch eine Senke zum Ortsrand von Hauenstein, dem „größten Schuhdorf der Welt“. Hauenstein entwickelte sich ab Ende des 19. Jahrhunderts vom armen Bauern- und Waldarbeiterdorf zu einem Zentrum der Schuhindustrie, die Anfang der 1960er-Jahre ihren Höhepunkt erlebte. Doch auch nach Schließung fast aller Schuhfabriken dreht sich in dem Ort fast alles um das Thema Schuh.

Eschbacher Eselei

In Leinsweiler

Die Mandelblüte als Highlight

Madenburg

P7
29.3 km
2h 25min

Zeugnis dafür sind das Deutsche Schuhmuseum, das Erlebniszentrum der Schuhfabrik Josef Seibel und die Schuhmeile Hauenstein mit ihren Shops und einem Angebot von rund einer Million Schuhen. Das Deutsche Schuhmuseum (P 7) im denkmalgeschützten Gebäude einer ehemaligen Schuhfabrik lohnt sich als Abstecher von der Burgentour. PS: Die Deutsche Schuhmeile befindet sich am Ortsrand in Nähe des Bahnhofs und der B 10.

P8
32.9 km
2h 45min

Ein weiterer Abstecher führt zu der in einem Talkessel gelegenen Queichquelle (P 8). Hier beginnt der Queich-Radweg, dem wir, vorbei am idyllisch gelegenen Paddelweiher, zurück nach Hauenstein folgen. Mit seinem gastronomischen Angebot bietet sich Hauenstein vor der Weiterfahrt für eine Verpflegungspause an.

P9
39.9 km
3h 20min

Im Queichtal rollen wir anschließend unter der Bahnlinie hindurch nach Wilgartswiesen, wo die auf einer Anhöhe gelegene protestantische Buntsandsteinkirche weithin sichtbar ist. Bei dem Dom des Queichtals (P 9) vereinen sich Kurz- und Lang-

An der Queichquelle

strecke. Wenn man die Kirche betrachtet, ist kaum zu glauben, dass das Gotteshaus in der Nacht vom 10.1. auf 11.1.1920 bis auf einen Sandsteintorso niederbrannte und in den Folgejahren wiederaufgebaut wurde.

Vor uns liegt ein herrlicher Streckenabschnitt, der abseits des Verkehrs am Waldrand entlangführt und uns herrliche Blicke auf die ausgedehnten, sumpfigen Wiesen des Queichtals bietet. Zur Pflege und Offenhaltung der Landschaft trägt auch eine Wasserbüffelherde bei. Das Tal wird nun enger und Fluss, Bahnlinie, Straße, Fußgänger- und Radweg sowie die Ortsbebauung sind dicht aneinander gequetscht. In Rinnthal, eingebettet zwischen Sandsteinfelsen und Waldhängen, beeindruckt die weiß getünchte, evangelische Pfarrkirche (P 10) mit einem von vier Säulen gestützten Portikus. Die Dorfkirche ist der bekannteste kassizistische Kirchenbau der Pfalz.

P10
44.8 km
3h 45min

Am Ortsrand von Annweiler blicken wir vom Straßenrand unterhalb der B 48 auf die Schokoladenseite der Trifelsgruppe mit den hintereinander aufgereihten Felsenburgen Trifels, Anebos

Im Queichtal

Der Dom des Queichtals

Pfarrkirche Rinnthal

In Annweiler am Trifels

Die Trifelsgruppe von ihrer Schokoladenseite

und Scharfenberg. Sodann führt die Burgentour im Zickzack durch den historischen Stadtkern vorbei an Gerberhäusern, viel Fachwerkpracht und dem sehenswerten Museum unterm Trifels. Nach einer gemütlichen Einkehr in Gasthaus, Café oder Eisdiele endet die Tour an der Tourist-Info (P 1/Ziel).

P1/Ziel
48.9 km
4h 05min

Fazit

Herrlich abwechslungsreich! Eine Traumtour, die vortrefflich Natur-, Kultur- und Genusserlebnisse kombiniert. Beim Anstieg am Trifels ist man für ein Pedelec/E-Bike besonders dankbar.

TourTipps

- Tourist-Info Annweiler - Trifelsland, Meßplatz 1, 76855 Annweiler am Trifels, 06346/2200, www.suedlicheweinstrasse.de
- Tourist-Info Leinsweiler - Landau-Land, Hauptstraße 4, 76829 Leinsweiler, 06345/3531, www.suedlicheweinstrasse.de
- Tourist-Info-Zentrum Pfälzerwald Urlaubsregion Hauenstein, Schuhmeile 1, 76846 Hauenstein, 06392/9233380, www.urlaubsregion-hauenstein.de

- Umoya, Burgstraße 24, 76855 Annweiler am Trifels, 06346/9296744, www.umoya-restaurant.de
- P3 Zehntkeller, Weinstraße 3a, 76829 Leinsweiler, 06345/407722
- Hotel und Restaurant Castell, Hauptstraße 32, 76829 Leinsweiler, 06345/94210, www.hotel-castell-leinsweiler.de
- Zehnthaus Eschbach, Weinstraße 43, 76831 Eschbach, 06345/1685, www.zehnthauseschbach.de
- Weinstube Poth, Weinstraße 54, 76831 Eschbach, 06345/3789 oder 959780
- P7 Restaurant Dorfstübel, Burgstraße 18, 76846 Hauenstein, 06392/409596, www.hotel-hauensteiner-hof.de
- Paddelweiher-Hütte, Dahner Straße 100, 76846 Hauenstein, 06392/994518, www.paddelweiher.de
- Bäckerei Busch & Naab, Marktplatz 34, 76846 Hauenstein, 06392/9937666, www.busch-naab.de
- Landgasthof Hotel Zum Ochsen, Marktplatz 15, 76846 Hauenstein, 06392/571, www.zum-ochsen-hauenstein.de
- P9 Landhaus am Hirschhorn, Am Hirschhorn 12-14, 76848 Wilgartswiesen, 06392/581, www.landhausamhirschhorn.de
- Zum alten Wasserrad, Am Storchtor 8, 76855 Annweiler am Trifels, 06346/93344, www.zum-alten-wasserrad.de
- Café Chelini, Hauptstraße 18, 76855 Annweiler am Trifels, 06346/8529, www.cafe-chelini.de
- Eiswerk, Meßplatz 10, 76855 Annweiler am Trifels, 06346/8343, www.cafe-escher.de

- Wasgaufreibad, Backelsteinstraße 60, 76846 Hauenstein, 06392/409480, www.wasgaufreibad.de
- Trifelsbad, Zweibrückerstraße 47, 76855 Annweiler am Trifels, 06346/928422, www.vg-annweiler.de

Tour Download: **BT8X611** (für GPS-Geräte)

Startpunkte finden mit scan to go®

12 Seerosentour

Die Route zieht sich von Tal zu Tal rund um Dahn mit Anstiegen bei der Erfweiler Klamm und dem Rothsteigbrunnen. Neben idyllischen Weihern beeindrucken die bizarren Felsen entlang des Weges. Die Langstrecke ergänzt die Tour um einen Abstecher zum Burgenmassiv Alt-Dahn.

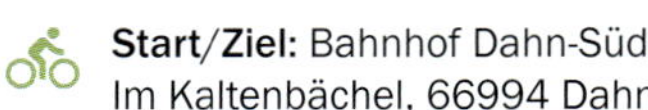

Start/Ziel: Bahnhof Dahn-Süd, Im Kaltenbächel, 66994 Dahn

N 49° 08' 54.9" E 7° 46' 38.1"

Anfahrt: B 10 Pirmasens – Landau bis Hinterweidenthal, B 427 bis Dahn folgen, in Dahn im 2. Kreisverkehr 4. Ausfahrt auf Parkplatz beim Haus des Gastes nehmen

Parkplatz: Parkplatz Dahn beim Haus des Gastes, Kurpark, Weißenburger Straße 17d, 66994 Dahn

Zug: Mai bis Okt. (nicht tägl.) Ausflugszüge Bundenthaler und Felsenland Express, Strecke Hinterweidenthal Ost – Bundenthal-Rumbach bis Dahn-Süd. Oder RB 55 Pirmasens – Landau bis Bf. Hinterweidenthal

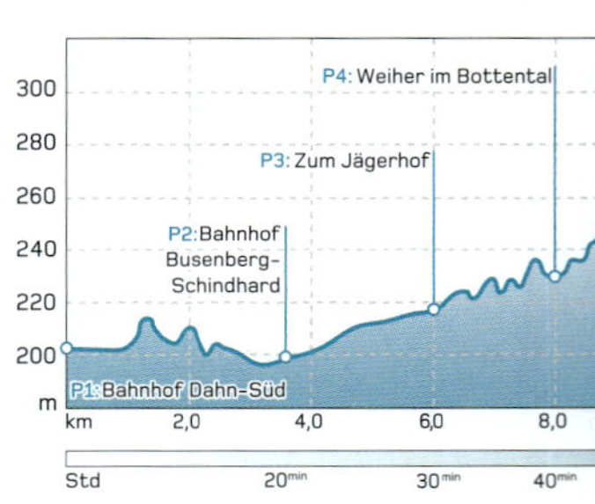

Variante kurz:

25.3 km 2h 05min 425 ↑ ↓ 425

30.2
km
2h 30min
540
540
Anspruch
Hinterweidenthal
B 427
P6 Rohrwoog-Weiher
P5 Erfweiler Klamm
Seerosen-
tour
P4 Weiher im
Bottental
Kelterhaus
Erfweiler
Neudahner P7
Weiher
Dahn
Wieslauter
Burgenmassiv
Alt-Dahn
P10
P3 Zum Jägerhof
See-
rosen-
tour
Dahner Hütte P8
See-
rosen-
tour
P1
Bahnhof
Dahn-Süd
Schindhard
P2 Bahnhof
Busenberg-
Schindhard
P9
Rothsteigbrunnen
Reichenbach
B 427
Busenberg
Erfweiler Klamm
P10: Burgenmassiv Alt-Dahn
P1: Bahnhof Dahn-Süd
P8: Dahner Hütte
P7: Neudahner Weiher
P6: Rohrwoog-Weiher
P9: Rothsteigbrunnen
P1: Bahnhof Dahn-Süd
12,0
14,0
16,0
18,0
20,0
22,0
24,0
26,0
28,0
30,2
1h10min
1h30min
1h40min
1h55min
2h05min
2h20min
2h30min

Sagenhafte Pfalz

Für den Start bietet sich der Bahnhof Dahn-Süd (P 1) an. Wir können so am Ende entscheiden, ob wir es bei der Kurzstrecke belassen, die als Themenradweg mit dem Seerosenlogo ausgeschildert ist, oder als Langstrecke einen Abstecher zum Burgenmassiv Alt-Dahn dranhängen.

P1
Start

Wir radeln entlang der Bahngleise in südlicher Richtung los. Im idyllischen Tal der Wieslauter geht es am Waldrand entlang in den Stadtteil Reichenbach, wo wir das Gewerbegebiet durchfahren. Beim Bahnhof Busenberg-Schindhard (P 2) (PS: Die Orte Busenberg und Schindard liegen 2 bzw. 1,5 km vom Bahnhof entfernt) überqueren wir die Bahnlinie und die B 427.

P2
3.5 km
20 min

Der Ferienbahnhof Reichenbach ist zu einem Tourismusmagnet avanciert. Neben dem Restaurant Altes Bahnhöf'l kann man in Eisenbahnwaggons aus den 50er-Jahren übernachten und sich im Hotel Ferienbahnhof in einem Original Eisenbahntriebwagen stärken. Das Erdgeschoss des Hotels ist quasi um den Triebwagen herumgebaut und nicht nur für Eisenbahnliebhaber interessant.

Auf einem separaten Radweg rollen wir entlang der K 39 nach Erfweiler. Unterwegs hat man nach der Fischwoogmühle einen herrlichen Blick auf das Burgenmassiv Alt-Dahn. Erfweiler liegt in der Talsenke des Langenbachs und ist von Wald und spektakulären Sandsteinfelsen umgeben. Der Ort zählt, dank seiner liebevoll herausgeputzten Fachwerkhäuser, zu den schönsten Dörfern der Pfalz. Beim Gasthaus Zum Jägerhof (P 3) biegen wir in die lang gezogene Winterbergstraße ab, die beim Kelterhaus am Ortsende in einen Forstweg übergeht.

P3
6.0 km
30 min

Schräg gegenüber findet auf dem Kohlenmeilerplatz alljährlich das Köhlerfest statt. Die ganze Woche brennt ein traditionell errichteter Meiler aus Holz. Der Radweg zieht sich entlang des Waldrands im Langental hin. In der Talaue grasen zottelige Hochlandrinder. Der Hingucker ist aber der Landschaftsweiher im Bottental (P 4). Der See wurde 1983 von der Gemeinde als Mittelpunkt des Naherholungsgebiets Langental neu angelegt. Nach dem Vornamen des früheren Bürgermeisters wird der Weiher im Volksmund auch „Wolfgangsee“ genannt.

P4
8.0 km
40 min

Altes Bahnhöf'l

Das Kelterhaus

P5
9.5 km
50min

Auf die erholsame Rast am Seeufer folgt ein Anstieg. Die Seerosentour führt vorbei an mehreren, kleinen Teichen zur Erfweiler Klamm (P 5), einer Sandsteinformation oberhalb des Forstwegs. Nach Überquerung des Sattels zieht sich der Radweg im Halbkreis um den Geiskopf, ehe wir das Rohrwoogtal erreichen. Während des Kalten Krieges befanden sich in der Abgeschiedenheit des Pfälzerwalds mehrere Camps der US-Armee. Eines davon war das Munitionsdepot Dahn, das bis ins Rohrwoogtal reichte. Der US-Armee verdanken wir die breiten Asphaltstraßen im tiefsten Wald. Nach Aufgabe des Camps finden wir heute eine bizarre Mischung aus Urwald und militärischen Überbleibseln wie z.B. Bunkern vor.

P6
14.0 km
1h 10min

Das Highlight des Rohrwoogtals sind jedoch seine Seen. Zunächst rollen wir am Hohlwoog vorbei, ehe die Route vier direkt aneinandergereihte Weiher passiert. Der größte See ist der Rohrwoog-Weiher (P 6). Der offizielle Badesee lädt im Sommer zum Schwimmen ein (An Badesachen denken!). Der Name Seerosentour bezieht sich auf die vielen Seerosen, die

Hochlandrinder

Im Langental

Blick auf Erfweiler

im Sommer in den Teichen und Woogen entlang der Strecke blühen. Im Herbst spiegeln sich die gefärbten Bäume wunderbar im Wasser.

Nach einer Pause am Weiher überqueren wir die B 427 am Ortsrand von Hinterweidenthal. Entlang der Bahnlinie zieht sich der Radweg durch das Tal der Wieslauter. Dabei folgt die Strecke teils dem Planetenweg. Dargestellt wird die Entfernung zwischen Sonne und den Planeten sowie deren Größe. Beim Neudahner Weiher (P 7) trennen wir uns von der Wieslauter und biegen in ein Seitental ab.

P7
18.1 km
1h 30min

Der Neudahner Weiher befindet sich in Privatbesitz und gehört zum Gelände des Campingplatzes Neudahner Weiher. Wer baden möchte, sollte dies am Rohrwoog-Weiher tun. Nach einem Streckenabschnitt im Moosbachtal zweigen wir vor zwei kleinen Weihern ins Tal des Seibertsbachs ab, wo die Dahner Hütte (P 8) ein paar Meter abseits des Radwegs liegt und sich für den nächsten Zwischenstopp anbietet.

P8
20.4 km
1h 40min

Seerosenpracht

P9
22.9 km
1h 55min

Zurück im Sattel, fahren wir am Waldrand des idyllischen Wiesentals entlang, bevor wir im Anstieg zum Rothsteigbrunnen (P 9) kräftig in die Pedale treten müssen. Nach einem erfrischenden Schluck aus dem Brunnen rollen wir dem Ortsrand von Dahn mit dem Wellnesstempel Felsenland Resort und dem Felsland Badeparadies entgegen. Der Radweg führt direkt an Braut und Bräutigam, einer der markantesten Felsformationen des Dahner Felsenlands vorbei. Die beiden Felssäulen sind wegen des engen Kamins zwischen den Felsen in der Kletterszene sehr beliebt.

Im gesamten Dahner Felsenland ragen Buntsandsteinfelsen inmitten des Waldes auf und sind teilweise auch von Weitem zu sehen. Aufgrund ihrer skurrilen Formen wurden den Felsgebilden Namen wie Himmelsleiter, Satansbrocken oder Ungeheuerfelsen verliehen. Zudem sind mit vielen Felsen spannende Mythen und Sagen verbunden. Ein paar Meter nach Braut und Bräutigam endet die Kurzstrecke und damit die ausgeschilderte Seerosentour am Bahnhof Dahn-Süd (P 1/Ziel).

P1/Ziel
25.3 km
2h 05min

Neben Wald und Felsen bestimmen Burgen und Burgruinen die Region. Die Langstrecke ergänzt die Route um einen Abstecher zu einer der eindrucksvollsten Felsenburgen der Pfalz. Dazu fahren wir vorbei am Haus des Gastes durch den Kurpark zur Zufahrtsstraße, die zu dem Burgenmassiv Alt-Dahn (P 10) hinaufführt. Nun lohnt sich ein E-Bike/Pedelec. Besonders die letzten Meter zur Burgschänke Alt-Dahn sind extrem steil und bringen uns ordentlich ins Schwitzen. Die Burganlage ist außer mittwochs vom 1. April bis 30. September entgeltfrei geöffnet.

P10
27.7 km
2h 20min

Die drei Burgen Alt-Dahn, Grafendahn und Tanstein wurden im 12. und 13. Jahrhundert auf einer einzigen Sandsteinklippe errichtet. In einem Burgfrieden verpflichteten sich die dort lebenden Ritter, Dahn und die Höfe des Umlands gemeinsam gegen Feinde zu verteidigen. Bei der Burgbesichtigung imponieren die tief in die Felsen gehauenen Gänge, Treppen und Kammern. Ein Highlight ist der fantastische Blick vom Bergfried über die Burganlage und die Hügellandschaft des Pfälzerwalds.

Rohrwoog-Weiher

Im Felsenland

Burgenmassiv Alt-Dahn

In Dahn

Braut und Bräutigam

Auf dem Rückweg kommen wir erneut am Haus des Gastes vorbei. Dort wurde dem pfälzischen Sagenvogel, dem Elwetritsche, ein Denkmal gesetzt. Eine Schautafel informiert über die Entwicklung, das Leben und die positiven Charaktereigenschaften der Elwetritsche. Im Infoflyer heißt es: „Heute sind die Elwetritsche in freier Wildbahn nur noch sehr schwer auszumachen. Wenn Sie Glück haben, können Sie sie in dunklen Vollmondnächten wahrnehmen und belauschen. Hierzu bedarf es seitens des Menschen eines festen Glaubens, großer Geduld und ein gesteigertes Einfühlungsvermögen“.

P1/Ziel
30.2 km
2h 30min

Ehe wir zum **Bahnhof Dahn-Süd (P 1/Ziel)** zurückkehren, können wir in der Tourist-Info das ein oder andere Elwetritsche-Souvenir erwerben und die Tour bei einem Einkehrschwung in Ruhe Revue passieren lassen.

Fazit

Eine Tour für Genussradler, bei der das Naturerlebnis im Vordergrund steht. Die Kurzstrecke verspricht bis auf zwei Anstiege sanftes Dahinrollen und eignet sich gut für den Familienausflug. Bei Badewetter an Strandtuch und Badesachen denken.

TourTipps

- Tourist-Info Dahner Felsenland, Schulstraße 29, 66994 Dahn, 06391/9196222, www.dahner-felsenland.de

- Altes Bahnhöf'l, An der Reichenbach 6, 66994 Dahn-Reichenbach, 06391/3755, www.altes-bahnhoefl.de, www.ferienbahnhof-reichenbach.de
- P3 Zum Jägerhof, Winterbergstraße 34, 66996 Erfweiler, 06391/1754, www.jaegerhof-erfweiler.de
- Dorfidyll Erfweiler, Winterbergstraße 83-85, 66996 Erfweiler, 06391/1745, www.dorfidyll-erfweiler.de
- P8 Dahner Hütte (Pfälzerwald-Verein-Hütte im Schneiderfeld), Im Schneiderfeld, 66994 Dahn, 06391/1793, www.pwv-dahn.de
- Sportpark Dahn, Eybergstraße 4, 66994 Dahn, 06391/9248470, www.sportpark-dahn.de
- FelsenGraf, Im Büttelwoog 2, 66994 Dahn, 06391/92370, www.felsengraf.de
- Restaurant Ratsstube, Weißenburger Straße 1, 66994 Dahn, 06391/1653, www.ratsstube-dahn.de
- Café Zürn, Pirmasenser Straße 8, 66994 Dahn, 06391/9929099, www.cafezuern.de
- Café Eisheisel, Pirmasenser Straße 39, 66994 Dahn, 06391/3338, www.cafe-eisheisel.de
- Pälzer Schdubb, Weißenburger Straße 11, 66994 Dahn, 06391/9109649, www.pälzer-schdubb.de
- Haus des Gastes, Weißenburger Straße 17d, 66994 Dahn, 06391/9198265, www.hdg-dahn.de
- P10 Burgschänke Burg Alt-Dahn, K 40, 66994 Dahn, 06391/3650, www.burgenlandschaft-pfalz.de

- Biker-Shop im Autohaus Ruppert, Industriestraße 4, 66994 Dahn-Reichenbach, 06391/2584, www.bikershop-ruppert.de

- Waldbadeweiher Rohrwoog, 66999 Hinterweidenthal
- Felsenland Badeparadies & Saunawelt, Eybergstraße 1, 66994 Dahn, 06391/9234211, www.felsland-badeparadies.de

Tour Download: **BT8X512** (für GPS-Geräte)

Startpunkte finden mit scan to go®

Pfälzerwald

13 Raubrittertour

Die Strecke führt bergauf-bergab in wildem Zickzack durch den Pfälzerwald. Neben Höhepunkten wie Burg Berwartstein, der Burgruine Drachenfels und dem Seehofweiher locken urige Gaststätten wie der Bärenbrunnerhof oder das Cramerhaus.

Start/Ziel: Bahnhof Busenberg-Schindhard in Reichenbach

N 50° 09' 44.4" E 6° 20' 07.2"

Anfahrt: B 10 Pirmasens – Landau bis Hinterweidenthal, B 427 über Dahn bis Reichenbach zum Bahnhof Busenberg-Schindhard

Parkplatz: Parkplatz in Reichenbach gegenüber Bahnhof Busenberg-Schindhard und Ferienbahnhof Reichenbach an der B 427

Zug: Mai bis Okt. (nicht tägl.) Ausflugszüge Bundenthaler und Felsenland Express, Strecke Hinterweidenthal Ost–Bundenthal-Rumbach bis Busenberg-Schindhard. Oder RB 55 Pirmasens – Landau bis Bf. Hinterweidenthal

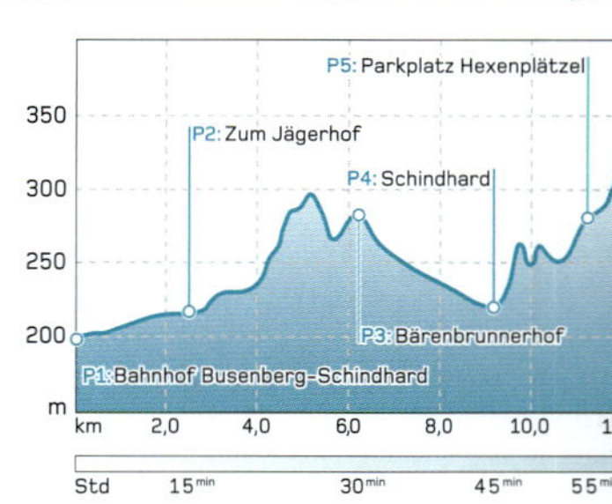

40.6
km
3h 25min
870
870
Anspruch
Raubrittertour
1 km
P3 Bärenbrunnerhof
Darstein
Schind-
hard
Oberschlettenbach
P6
Hahnenhof
P7 Cramerhaus
Lindelbrunn
P4 Schindhard
Raubritter-
tour
P
P5
Parkplatz Hexenplätzel
Busenberg
Vorderweidenthal
Erlenbach
P11 Weißensteiner Hof
Drachen-
fels
Erlenbach
bei Dahn
B 427
P8 B 427 Lauterschwan
Lauter-
schwan
Portzbach
Burg Berwartstein P10
Raubritter-
tour
Kiosk am Seehof P9
P7: Cramerhaus
P11: Weißensteiner Hof
P12: Bruchweiler-
Bärenbach
P10: Burg Berwartstein
P6: Hahnenhof
P8: B 427 Lauterschwan
P9: Kiosk am Seehof
P1: Bahnhof Busenberg-Schindhard
14,0
16,0
18,0
20,0
22,0
24,0
26,0
28,0
30,0
32,0
34,0
36,0
38,0
40,6
1h15min
1h35min
2h
2h15min
2h25min
2h40min
3h10min
3h25min

Hans Trapp lässt grüßen

Die Raubrittertour ist eine meiner Lieblingsstrecken, man muss sich jedoch im Klaren sein, dass die Tour gute Kondition erfordert. Es geht fast ständig bergauf oder bergab, zudem sind viele Streckenabschnitte nicht asphaltiert. Ein E-Bike/Pedelec zahlt sich daher aus. Wegen der guten Lage und Infrastruktur bietet sich der **Bahnhof Busenberg-Schindhard (P 1)** als Ausgangspunkt an: Restaurant, Hotel, öffentlicher Parkplatz und ein Fahrradgeschäft sind gleich ums Eck.

P1
Start

Die Tour beginnt mit einer Einrollstrecke. Nach Überqueren der B 427 fahren wir im Tal des Langenbachs entlang der K 39 nach Erfweiler und erhaschen im Vorbeirollen einen Blick auf das Burgenmassiv Alt-Dahn. Erfweiler ist von Wald und spektakulären Sandsteinfelsen umgeben. Nach einer Kehre beim **Gasthaus Zum Jägerhof (P 2)** verlassen wir das schmucke Örtchen wieder und haben den ersten Tagesanstieg vor der Brust. Im dichten Nadelwald strampeln wir über eine Kuppe hinweg und erreichen das Bärenbrunnertal.

P2
2.5 km
15 min

Ich empfinde das abgeschiedene Tal als „ein Stück heile Welt“. Ein netter Abstecher führt zum rund 500 Meter entfernten **Bärenbrunnerhof (P 3)**, der malerisch im Talkessel liegt und von Wiesen, Weiden, Wald und (Kletter)Felsen umgeben ist. Der Bio-Hof mit Hofladen, dem Outdoor- und Kletterladen „Bärenhöhle“ und einer Bio-Gaststätte mit großem Biergarten lädt zur Einkehr und Entschleunigung ein.

P3
6.2 km
30 min

Burgenmassiv Alt-Dahn

P4
9.2 km
45min

Vom Bärenbrunnerhof rollen wir auf dem Stichsträßchen durch das lang gezogene Wiesen- und Weidetal vorbei an der Bärenbrunnermühle nach Schindhard (P 4), wo wir nach Busenberg abbiegen.

Wenn wir geradeaus weiterfahren würden, kämen wir zurück zum Ausgangspunkt. Man muss unterwegs gut auf die Beschilderung achten. Die Tour führt kreuz und quer durch Wälder und Örtchen, sodass man als Ortsfremder leicht die Orientierung verliert.

P5
11.3 km
55min

Weiter geht es zum Ortsrand von Busenberg, wo wir am Ende der Waldstraße zum Parkplatz Hexenplätzel (P 5) und dem Kelterhaus des Obst- und Gartenbauvereins gelangen. Der Radweg führt nun durch herrlichen Mischwald über einen Höhenzug am Hang der Buhlsteine hinweg, ehe wir nach steiler Abfahrt Oberschlettenbach erreichen.

P6
15.4 km
1h 15min

In der Talsenke stoßen wir beim Hahnenhof (P 6) auf die L 490 und folgen der Landstraße einen guten Kilometer durch das eng eingeschnittene Tal. Im nächsten Seitental weist ein Schild darauf hin, dass die Beläge der Forstwege teilweise grob sind. Bei Nässe und zur Zeit der Waldernte kann es auch matschig sein. Wir rackern uns den Anstieg hinauf und haben von der Hochfläche einen tollen Blick auf die vor uns auf einem Bergkegel liegende Burgruine Lindelbrunn.

P7
18.8 km
1h 35min

Die Raubrittertour zieht sich im Halbkreis um den Schlossberg herum zu dem Weiler Lindelbrunn. Dort ist das ein paar Meter vom Radweg entfernte Cramerhaus (P 7) die Anlaufstation hungriger und durstiger Wanderer und Fahrradfahrer.

Vom Cramerhaus hat man einen schönen Blick auf die einstige Burg, die vermutlich Mitte des 12. Jahrhunderts als Reichsburg zur Verteidigung des Trifels gebaut wurde. Im Bauernkrieg wurde die Burg 1525 geplündert, zerstört und verfiel danach.

P8
23.7 km
2h

Es folgt eine Waldabfahrt zum Ortsrand von Vorderweidenthal. Anschließend kreuzen wir das Fischbachtal auf einem Wiesenweg und erreichen Lauterschwan (P 8), wo wir die B 427

Am Bärenbrunnerhof

Seehofweiher

überqueren. Vor uns liegt ein zauberhafter Abschnitt im Tal des Portzbachs. Wir fahren zunächst an den sumpfigen Frauenwoogwiesen entlang, ehe wir den Portzbach begleiten, der in einem weitläufigen Waldgebiet mehrere Weiher durchfließt.

P9
27.3 km
2h 15min

Der Größte ist der Seehofweiher mit Liegewiese, Badestelle und dem Kiosk am Seehof (P 9). Der ringsum von Bäumen umgebene Badesee ist der ideale Ort zum Verweilen und Entspannen (Im Sommer an Badesachen denken!). Gut erholt verlassen wir das Bachtal und blicken nach der nächsten Wegbiegung auf die eindrucksvolle Raubritterburg Berwartstein, die vor uns auf einer Bergkuppe thront.

P10
28.3 km
2h 25min

Den Abstecher hinauf zur Burg Berwartstein (P 10) sollten wir uns ebenso wenig entgehen lassen wie die interessante und lebendige Burgführung. Zu den Besonderheiten von Burg Berwartstein gehört, dass sie erhalten bzw. weitgehend restauriert ist, sich in Privatbesitz befindet und bewohnt wird. Der Panoramablick von der Aussichtsplattform der Burg über den Pfälzerwald sucht seinesgleichen.

 Rast am Seehofweiher

Auf Burg Berwartstein hauste Ende des 15. Jahrhunderts der legendäre Ritter Hans von Trotha, besser bekannt als Hans Trapp, der durch seine Untaten und Raubzüge von sich reden machte. Im benachbarten Elsass ist sein Name mit besonders vielen Schauergeschichten verbunden. So tritt dort Hans Trapp und nicht Knecht Ruprecht als Begleitung von Nikolaus bzw. Christkind auf.

Nach dem Besuch von Burg Berwartstein durchqueren wir Erlenbach und haben im Wiesental des Eisenbachs den nächsten Anstieg zu bewältigen. Nach einer Waldpassage erreichen wir den **Weißensteiner Hof (P 11)** und ein paar Meter weiter den Abzweig zur Burgruine Drachenfels. Der Abstecher lohnt sich! Die im Volksmund „Backenzahn" genannte Burgruine ist ganzjährig zugängig. Von der bewirtschafteten Drachenfelshütte sind es ein paar Meter zum Fuß der Felsenburg.

P11
32.4 km
2h 40min

Die auf zwei schmalen Buntsandsteinfelsen gelegene Burganlage wurde 1523 fast völlig zerstört. Der Reiz liegt im Erklimmen der steilen Leitern und der in den Felsen geschlagenen

Burg Berwartstein

Prima Aussicht

Der Backenzahn

Burgruine Drachenfels

Treppen sowie im Erforschen von Felskammern und Verbindungsgängen. Zudem können wir von Felsplattformen die herrliche Aussicht genießen. Nach dem Abstecher beginnt das Ausradeln. Wir fahren ins Wieslautertal hinab und folgen der Bahnlinie nach Bruchweiler-Bärenbach (P 12).

P12 37.7 km 3h 10min

Nach einer Kehre am Ortsrand zieht sich die Raubrittertour am Waldrand entlang nach Reichenbach, wo wir durch ein Gewerbegebiet zum Bahnhof Busenberg-Schindhard (P 1/Ziel) zurückkehren. Am Ausgangspunkt bietet sich das zum Ferienbahnhof Reichenbach gehörende Restaurant Altes Bahnhöf'l oder das Hotel Ferienbahnhof mit einem in das Erdgeschoss integrierten Eisenbahntriebwagen für den abschließenden Einkehrschwung an.

P1/Ziel 40.6 km 3h 25min

Fazit

Eine spektakuläre Tour, die jedoch gute Kondition erfordert. Das Terrain ist prädestiniert für ein Pedelec/E-Bike. Unterwegs jagt ein Höhepunkt den nächsten. Strandtuch und Badesachen nicht vergessen.

TourTipps

- Tourist-Info Dahner Felsenland, Schulstraße 29, 66994 Dahn, 06391/9196222, www.dahner-felsenland.de

- Zum Jägerhof, Winterbergstraße 34, 66996 Erfweiler, 06391/1754, www.jaegerhof-erfweiler.de
- P3 Bio-Gaststätte Bärenbrunnerhof, 66996 Schindhard, 06391/5744, www.baerenbrunnerhof.de
- P7 Cramerhaus, Lindelbrunn 4, 76889 Vorderweidenthal, 06398/237, www.cramerhaus.de
- P9 Kiosk am Seehof, 76891 Erlenbach bei Dahn, 06398, 9932121, www.kiosk-am-seehof.de
- P10 Burgschänke Burg Berwartstein, Burg Berwartstein 1, 76891 Erlenbach bei Dahn, 06398/210, www.burgberwartstein.de
- P11 Landgasthof Weißensteiner Hof, An der B 427, Weißensteiner Hof 1, 76891 Busenberg, 06391/3559, www.weissensteinerhof.de
- Drachenfelshütte, 76891 Busenberg, 06391/3877, www.pwv-busenberg.de
- Altes Bahnhöf'l, An der Reichenbach 6, 66994 Dahn-Reichenbach, 06391/3755, www.altes-bahnhoefl.de und www.ferienbahnhof-reichenbach.de

- Felsenland-Bike-Aktive, FBA-Cycling, Am Sonneneck 2, 76891 Bundenthal, 06394/9209474, www.fba-cycling.de
- Biker-Shop im Autohaus Ruppert, Industriestraße 4, 66994 Dahn-Reichenbach, 06391/2584, www.bikershop-ruppert.de

- Seehofweiher, 76891 Erlenbach bei Dahn

Drachenfelshütte

Ferienbahnhof Reichenbach

Tour Download: **BT8X413** (für GPS-Geräte)

Startpunkte finden mit scan to go®

14 Biosphärentour

Die Tour verbindet die Täler von Wieslauter und Sauer sowie die Orte Dahn und Fischbach. Zwischen den bequemen Strecken in den Flusstälern sind über die Wasserscheide hinweg teils steile Anstiege zu überwinden. Die Langstrecke bietet einen zusätzlichen Schlenker nach Frankreich.

Start/Ziel: Bahnhof Dahn-Süd, Im Kaltenbächel, 66994 Dahn

N 49° 08' 54.6" E 7° 46' 38.1"

Anfahrt: B 10 Pirmasens – Landau bis Hinterweidenthal, B 427 bis Dahn folgen, in Dahn im zweiten Kreisverkehr 4. Ausfahrt auf Parkplatz beim Haus des Gastes

Parkplatz: Parkplatz Dahn beim Haus des Gastes, Kurpark, Weißenburger Straße 17d, 66994 Dahn

Zug: Mai bis Okt. (nicht tägl.) Ausflugszüge Bundenthaler und Felsenland Express, Strecke Hinterweidenthal Ost–Bundenthal-Rumbach bis Dahn-Süd. Oder RB 55 Pirmasens – Landau bis Bf. Hinterweidenthal.

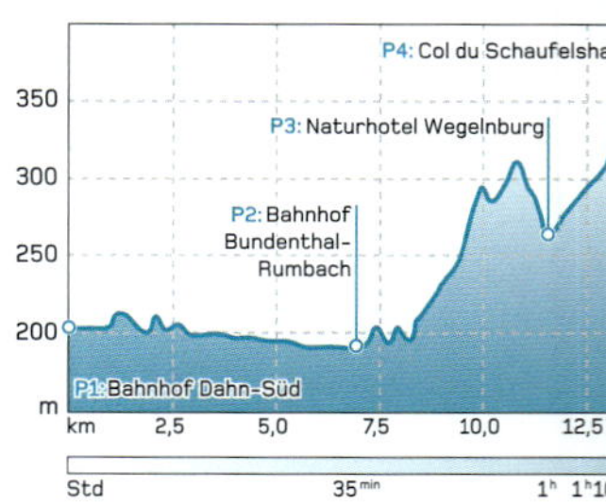

Variante kurz:

35.7 km 3h 645 ↑ ↓ 645

46.8
km
3h 55min
970
970
Anspruch
B 427
Lemberg
Salzwoog
P11 Neudahner Weiher
Schwan-heim
Dahn
Bahnhof P1
Dahn-Süd
Reichenbach
Vorder-weiden-thal
Abzweig Großer Mückenkopf P10
Großer Mückenkopf
Biosphären-tour
B 427
P9 Zeltplatz Wolfsägerhof
Bruchweiler-Bärenbach
Erlenbach bei Dahn
Bahnhof Bundenthal-
P2 Rumbach
Biosphären-tour
Rumbach
Bundenthal
Fischbach bei Dahn
P8 Biosphärenhaus
Hornbach-Fleckenstein-Radweg
Wieslauter
Ludwigswinkel
Biosphären-tour
Naturhotel
P3 Wegelnburg
Nothweiler
Schönau P7
P4 Col du Schaufelshald
Hornbach-Fleckenstein-Radweg
P5
Café des 4 Chateaux
La Buvette P6
Sauer
P5: Café des 4 Chateaux
P6: La Buvette
P7: Schönau
P8: Biosphärenhaus
P9: Zeltplatz Wolfsägerhof
P10: Abzweig Großer Mückenkopf
P11: Neudahner Weiher
P1: Bahnhof Dahn-Süd
15,0 17,5 20,0 22,5 25,0 27,5 30,0 32,5 35,0 37,5 40,0 42,5 45,0 46,8
1h20min 1h30min 2h 2h20min 2h50min 3h 3h40min 3h55min

Natur pur

Das Biosphärenreservat Pfälzerwald/Nordvogesen war das erste von der UNESCO anerkannte grenzüberschreitende Biosphärenreservat Europas. Während sich die ausgeschilderte Biosphärentour (= Kurzstrecke) auf den Pfälzerwald beschränkt, bietet die Langstrecke zusätzlich eine Schleife durch die Nordvogesen. Die Biosphärentour, egal ob als Kurz- oder Langstrecke, erfordert gute Kondition. Der Schlussanstieg über die Wasserscheide zwischen Fischbach und Dahn hat es in sich. Zudem sind einige Streckenabschnitte nicht asphaltiert. Ein E-Bike/Pedelec lohnt sich auf alle Fälle.

Ein guter Ausgangspunkt ist die Stadt Dahn, das touristische Zentrum der Region. Wir starten am Bahnhof Dahn-Süd (P 1) und radeln im Tal der Wieslauter in Richtung Süden. Der Radweg verläuft am Waldrand mit Blick auf das Wiesental und ist bestens zum Einrollen geeignet.

P1
Start

Die Strecke führt in Reichenbach an einem Gewerbegebiet vorbei, ehe wir durch Bruchweiler-Bärenbach fahren. Am Ortsrand von Bundenthal erreichen wir die Endstation der Wieslauterbahn, den Bahnhof Bundenthal-Rumbach (P 2). Auf der anderen Seite des Bahndamms steht etwas verlassen eine ausrangierte Dampflok vor einem Einfahrsignal.

P2
6.8 km
35 min

Am Bahnhof Bundenthal-Rumbach

Variante kurz

Ein paar Meter weiter trennen sich Kurz- und Langstrecke, wobei die Kurzstrecke der Biosphärentour folgt. Die Route streift Rumbach und zieht sich über die Rumbacher Höhe ins Tal der Sauer, wo wir bei einem 300 Meter langen Holzbohlensteg im Naturschutzgebiet Königsbruch auf die Langstrecke treffen. PS: Der Streckenabschnitt vom Wieslauter- ins Sauertal wird in Tour 16 ausführlicher beschrieben.

Auf der Langstrecke folgen wir der Friedenstour zum Ortsende von Bundenthal und orientieren uns danach an der Beschilderung des Hornbach-Fleckenstein-Radwegs. Der Anstieg über einen Bergrücken hinweg nach Nothweiler bringt uns ganz schön ins Schwitzen. Das Fachwerkdorf Nothweiler liegt, umgeben von Wäldern, Bergen und Streuobstwiesen, direkt an der französischen Grenze. Hier in der Grenzregion verbinden sich pfälzische Gemütlichkeit und französische Lebensart. Beim Naturhotel Wegelnburg (P 3) beginnt die nächste Steigung.

P3 11.6 km 1^{h}

Bei dem Wanderparkplatz am Ortsrand von Nothweiler überqueren wir die grüne Grenze zu Frankreich und strampeln hinauf zum Bergsattel Col du Schaufelshald (P 4), wo wir zum Gimbelhof abbiegen. Die urige Gaststätte ist ein beliebtes Ausflugsziel und besticht mit einer grandiosen Aussicht.

P4 13.4 km $1^{h}10^{min}$

Gestärkt und gut erholt folgt eine steile Waldabfahrt (PS: Besser den rechten oberen Weg nehmen) zum Parkplatz der Burgruine Fleckenstein. Speziell bei Nässe ist der abschüssige Waldweg mit etlichen Wurzeln und Steinen nicht ohne, ggf. schiebt man ein Stück. Die Burgruine liegt auf einem 100 Meter langen Felsplateau und bietet vom Empfangsbereich mit dem Café des 4 Chateaux (P 5) einen eindrucksvollen Anblick.

P5 15.9 km $1^{h}20^{min}$

Das Château du Fleckenstein zählt zu den meistbesuchten Burgen(-ruinen) im Elsass. Insbesondere während der Schulferien und an Wochenenden ist viel los. Wer genug Zeit mitbringt, sollte sich die Besichtigung der höhlenartigen Feste mit ihren in die Felsen gehauenen Gängen und dem fantastischen Rundumblick auf das Wäldermeer nicht entgehen lassen (Öffnungszeiten siehe www.fleckenstein.fr).

Beim Gimbelhof

Blick zur Burgruine Fleckenstein

Vom Château rollen wir die Zufahrtsstraße hinab ins Tal der Sauer, wo wir auf Höhe der Nordspitze des Fleckensteiner Weihers die D 925 erreichen. Wie wäre es mit einem Picknick am Seeufer oder einem Bad im kühlen Nass? Auf der D 925 sind es nur ein paar Meter zur Liegewiese am See und dem Gasthaus La Buvette (P 6). Ein feiner Ort zum Entspannen.

P6
18.6 km
1h 30min

Zurück am Abzweig zur Burgruine Fleckenstein, geht es auf dem herrlich im Sauertal angelegten Radweg über die grüne Grenze nach Deutschland. Wir radeln am Ortsrand von Hirschthal entlang und erreichen in Schönau (P 7) den nächsten See. Zum Baden ist der Fleckensteiner Weiher jedoch besser geeignet. Ein paar Meter vom Radweg entfernt lockt das Landhaus Mischler zum Einkehrschwung.

P7
23.6 km
2h

Nach dem Königsweiher vereinen sich auf Höhe der Bildungs- und Freizeitstätte Heilsbach Kurz- und Langstrecke. Den Blick bestimmt der weite Talkessel des Naturschutzgebiets Königsbruch mit seiner typischen Feuchtgebietsvegetation. Zum Glück wurden die Pläne der 1970er- und 1980er-Jahre,

hier einen Stausee zu errichten, verworfen. Der Holzsteg, der den Königsbruch durchzieht, ermöglicht wunderbare Naturerlebnisse.

Am Ortsrand von Fischbach bietet sich ein Abstecher zum imposanten Biosphärenhaus (P 8) an, das mit einem Naturerlebniszentrum sowie Baumwipfelpfad aufwartet und in der Saison 2023 mit neuen Ideen und Konzepten fortgeführt werden soll.

P8
27.8 km
2h 20min

Wir verlassen Fischbach in nördlicher Richtung und gelangen in das Naturschutzgebiet Wolfsägertal, wo uns ein schweißtreibender Anstieg erwartet. Auf dem Streckenabschnitt vom Sauer- in das Wieslautertal macht sich ein E-Bike/Pedelec auf alle Fälle bezahlt.

Das lang gezogene Wiesental des Fischbachs ist umgeben von dichten Wäldern. In etlichen Schleifen windet sich die Biosphärentour im idyllischen Talgrund zum Zeltplatz Wolfsägerhof (P 9). An der Stelle des einstigen Bauerngehöfts befindet sich eine Hütte, das Gelände dient als Jugendzeltplatz.

P9
33.7 km
2h 50min

Das Biosphärenhaus in Fischbach

P10
35.8 km
3h

Nach dem Ende der Talwiese strampeln wir auf einem Forstweg, der bei Nässe und zur Holzernte matschig sein kann, auf die Höhenkuppe am Fuß des **Großen Mückenkopfs (P 10)**. Am höchsten Punkt der Strecke kreuzen sich mehrere Wege. Der Anstieg ist geschafft, und wir können uns auf die lange Abfahrt freuen. Auf einer kurvenreichen, ehemaligen Militärstraße rollen wir am Hang entlang ins Naturschutzgebiet Moosbachtal.

Der Jungfernsprung

P11
43.8 km
3h 40min

Die Abfahrt endet am **Neudahner Weiher (P 11)**, dessen Seefläche von Zelten, Wohnmobilen, Wohnwagen und Mobilheimen umringt ist. Entspanntes Ausradeln garantiert der daran anschließende Streckenabschnitt im Wieslautertal. Wir fahren am Fuß der Burgruine Neu-Dahn entlang und haben am Ortsrand von Dahn einen herrlichen Blick auf das Wahrzeichen des Ortes, den Jungfernsprung.

P1/Ziel
46.8 km
3h 55min

Der steile Sandsteinfelsen ist rund 70 Meter hoch. Laut einer Sage hat eine Jungfrau auf der Flucht vor einem Raubritter den Sprung von dem Felsvorsprung in die Tiefe dank ihrer sich aufblähenden Röcke unbeschadet überstanden. Beim **Bahnhof Dahn-Süd (P 1/Ziel)** endet die Biosphärentour. Das nahe Ortszentrum bietet zum Tourenausklang eine Vielzahl netter Einkehrgelegenheiten und lädt ein, „ään Woi zu schlorze“.

Fazit

Eine Tour der Extraklasse, egal ob als Kurz- oder Langstrecke, bei der das Naturerlebnis im Vordergrund steht. Man lernt den südlichen Teil des Biosphärenreservats von seiner schönsten Seite kennen. Das Terrain ist prädestiniert für ein Pedelec/E-Bike.

TourTipps

- Tourist-Info Dahner Felsenland, Schulstraße 29, 66994 Dahn, 06391/9196222, www.dahner-felsenland.de

- Naturhotel Wegelnburg, Hauptstraße 15, 76891 Nothweiler, 06394/284, www.naturhotel-wegelnburg.de
- Gimbelhof, F-67510 Lembach, +33/388944358, www.gimbelhof.com
- P5 Café des 4 Chateaux, Lieu-dit Fleckenstein, F-67510 Lembach, +33/388942852
- P6 La Buvette, Etang du Fleckenstein, F-67510 Lembach, +33/388092514
- Landhaus Mischler, Gebüger Straße 2, 66996 Schönau (Pfalz), 06393/1425, www.landhaus-mischler.de
- P8 Landhaus Tausendschön, Bitscher Straße 7a, 66996 Fischbach bei Dahn, 06393/5718, www.landhaus-tausendschoen.de
- Dahner Hütte (PWV-Hütte im Schneiderfeld), Im Schneiderfeld, 66994 Dahn, 06391/1793, www.pwv-dahn.de
- Gastronomie in Dahn siehe Tour 12

- Biker-Shop im Autohaus Ruppert, Industriestraße 4, 66994 Dahn-Reichenbach, 06391/2584, www.bikershop-ruppert.de
- Felsenland-Bike-Aktive, FBA-Cycling, Am Sonneneck 2, 76891 Bundenthal, 06394/9209474, www.fba-cycling.de

- Fleckensteiner Weiher, An der D 925, F-67510 Lembach
- Königsweiher, An der L 488, 66996 Schönau (Pfalz)
- Felsenland Badeparadies & Saunawelt, Eybergstraße 1, 66994 Dahn, 06391/9234211, www.felsland-badeparadies.de

Am Gimbelhof

Café des 4 Chateaux

Tour Download: **BT8X314** (für GPS-Geräte)

Startpunkte finden mit scan to go®

15 Freundschafts- und Schmuggler-Tour

Die grenzüberschreitende Route führt von Fischbach über die grüne Grenze zum Fleckensteiner Weiher und nach Obersteinbach, ehe man vorbei an geschichtsträchtigen Orten wie der Schwarzen Tafel und Area One sowie weiteren Badeseen zum Biosphärenhaus zurückkehrt.

Start/Ziel: Biosphärenhaus, Am Königsbruch 1, 66996 Fischbach bei Dahn

N 49° 05‘ 13.8“ E 7° 43‘ 30.2“

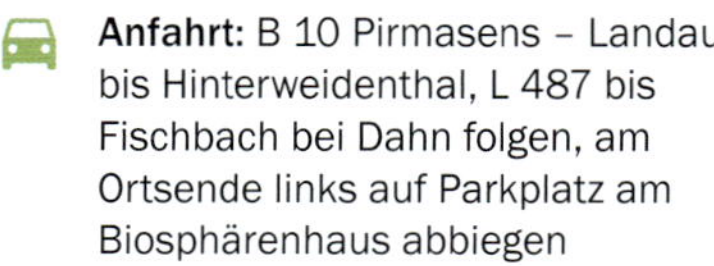

Anfahrt: B 10 Pirmasens – Landau bis Hinterweidenthal, L 487 bis Fischbach bei Dahn folgen, am Ortsende links auf Parkplatz am Biosphärenhaus abbiegen

Parkplatz: Siehe Start/Ziel, Parkplatz am Biosphärenhaus

Zug: Kein Bahnhof an der Strecke

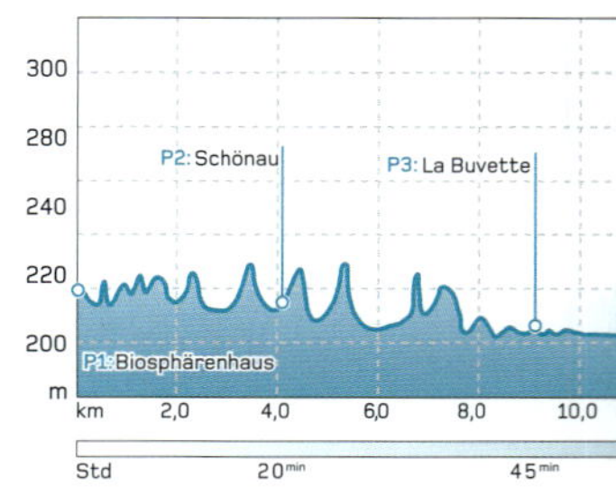

37.5
km
3h 10min
515
515
Anspruch
Fischbach bei Dahn
Rumbach
P1 Biosphärenhaus
Schöntal-
P9 weiher
Ludwigswinkel
P10 Mühlweiher
Freundschafts-Tour
P8 Sägmühlweiher
P7
Area One
Petersbächel
Schönau/Pfalz
Schönau P2
Wengelsbach
Hirschthal
Schmuggler-Tour
P6
Schwarze Tafel
P5
Ziegenkäserei Steinbach
Ober-steinbach
Au Cheval
P4 Blanc
Nieder-steinbach
Steinbach
P3
La Buvette
Sauer
P6: Schwarze Tafel
P7: Area One
P10: Mühlweiher
P9: Schöntalweiher
P5: Ziegenkäserei Steinbach
P8: Sägmühlweiher
P4: Au Cheval Blanc
P1: Biosphärenhaus
14,0
16,0
18,0
20,0
22,0
24,0
26,0
28,0
30,0
32,0
34,0
36,0
37,5
1h20min
1h30min
1h45min
2h
2h25min
2h40min
2h50min
3h10min

Grenzenlos genießen

Im Jahr 2022 wurde das grenzüberschreitende Radwegenetz im Dahner Felsenland um vier Themenrouten erweitert. Eine herrliche Tour ergibt sich aus der Kombination von Freundschafts- und Schmuggler-Tour. Los geht es am imposanten Biosphärenhaus (P 1) in Fischbach bei Dahn. Für das Naturerlebniszentrum und den benachbarten Baumwipfelpfad können wir uns am Ende der Tour Zeit nehmen.

P1
Start

Wir steigen am Ortsrand von Fischbach in die Freundschafts-Tour ein und radeln mit Blick auf das Naturschutzgebiet Königsbruch in Richtung Schönau. Im Sauer- und Rumbachtal wurde in den 1970er- und 1980er-Jahren der Wasgausee zur Belebung der strukturschwachen Region projektiert. Zum Glück wurde der Stausee nicht gebaut und das Feuchtgebiet mit seinen Nasswiesen und Sümpfen unter Schutz gestellt. Als Abstecher (Achtung: nicht im Track aufgenommen) können wir von einem Holzsteg die Flora und Fauna im Königsbruch aus der Nähe bewundern.

Anschließend rollen wir an der Hangfläche oberhalb des Königsweihers entlang und erreichen Schönau (P 2). Im Ort verlassen wir die Freundschafts-Tour und folgen der Schmuggler-Tour durch das Sauertal. Der Radweg führt auf der linken Uferseite nach Hirschthal, wo wir am Ortsende die grüne Grenze zu Frankreich überqueren. Abseits des Verkehrs und immer in Sauernähe schlängelt sich der Radweg durch die Flusslandschaft.

P2
4.1 km
20 min

Bei der Weggabelung am nördlichsten Zipfel des Fleckensteiner Weihers lohnt sich ein Abstecher auf der D 925 zur Liegewiese beim Gasthaus La Buvette (P 3). Ein herrlicher Platz zum Einkehren, Entspannen, Sonnen und für eine Abkühlung im See (Im Sommer an die Badeschen denken!). Zurück auf der Schmuggler-Tour rollen wir am Westufer des Fleckensteiner Weihers entlang und zweigen auf Höhe des Campingplatzes in das Steinbachtal ab.

P3
9.2 km
45 min

Auf einem neu angelegten Radweg geht es durch das malerische Wiesental. Nach einem Picknickplatz mit Feuerstelle und Schutzhütte wechselt der Radweg auf die D 3 und folgt

P4
15.6 km
1h 20min

der Landstraße nach Niedersteinbach. In dem schmucken Fachwerkdorf bietet sich mit dem Hotel Au Cheval Blanc (P 4) eine stilvolle Einkehrgelegenheit. Während die Schmuggler-Tour nach dem Ortsausgang rechts in Richtung Wengelsbach abzweigt, folgen wir der Freundschafts-Tour nach Obersteinbach.

Das Straßendorf ist eingebettet in eine Talsenke. Die nördliche Hangseite bestimmen die Burgruine Château du Petit Arnsbourg und der wegen seines natürlichen Felsentors besonders imposante Wachtfels. In Obersteinbach befindet sich neben dem Rathaus das kleine Museum „Maison des châteaux forts“ mit einem bezaubernden Gärtchen. Ein paar Meter weiter lohnt sich der Besuch der protestantischen Kirche, übrigens eine offizielle Radwegekirche. Ob im Hotel Anthon oder in der Ziegenkäserei Steinbach (P 5), vor dem nächsten Anstieg können wir eine Stärkung vertragen.

P5
18.4 km
1h 30min

Gut erholt verlassen wir am Ortsende von Obersteinbach die D 3 und radeln durch Mischwald vorbei am Maison Forestière de Lutzelhardt zur Schwarzen Tafel (P 6) an der deutsch-französischen Grenze. Sie erinnert an eine historische Schwarze Tafel, die nach dem 1. Weltkrieg den Grenzverkehr regelte. Die Schwarze Tafel steht aber auch symbolisch für die bewegte Geschichte der Region mit sich mehrfach verschiebenden Staats- und Landesgrenzen. Heute genießen wir das Privileg offener Grenzen und den freien Personen- und Warenverkehr.

P6
20.5 km
1h 45min

Nach der grünen Grenze geht es über eine Hügelkuppe hinweg zum nächsten geschichtsträchtigen Ort, der Area One (P 7). Dabei handelt es sich um ein ehemaliges Sonderwaffenlager, in dem mutmaßlich Atomwaffen gelagert wurden. Das Relikt des Kalten Krieges steht unter Denkmalschutz. Die Natur hat das Gelände größtenteils zurückerobert. Ein Rundweg mit 13 Infotafeln erschließt das Areal und beginnt am Wachgebäude mit dem auffallenden Turm.

P7
24.3 km
2h

Nach der Zeitreise in die Vergangenheit führt die Freundschafts-Tour in einem weiten Bogen um den im dichten Wald verborgenen Rösselsweiher herum, ehe wir Ludwigswinkel erreichen. Nach dem Hotel-Restaurant Rösselsquelle können

Am Fleckensteiner Weiher

Im Steinbachtal

Area One

Der Wachtfels

Am Mühlweiher

Am Schöntalweiher

P8
28.8 km
2h 25min

wir uns einen kurzen Abstecher zum Ufer des Sägmühlweihers (P 8) gönnen. Anschließend passieren wir mit der Lutherkirche die zweite offizielle Radwegekirche der Tour.

P9
31.6 km
2h 40min

In Ludwigswinkel bieten sich mehrere Einkehrgelegenheiten, bevor sich am Ortsende ein Abstecher zu dem idyllisch gelegenen Schöntalweiher (P 9) lohnt. Der See verfügt mit Liegewiese, Toiletten, Umkleiden und bewirtschaftetem Kiosk über eine gute Infrastruktur und verspricht entspannte Badefreuden.

P10
34.3 km
2h 50min

Zurück auf der Freundschafts-Tour passieren wir mit dem Mühlweiher (P 10) einen weiteren Badesee. Schon im 18. Jahrhundert wurde der See aufgestaut, um mit dessen Wasserkraft das Hammerwerk Saarbacher Hammer zu betreiben. In dem Fisch- und Freizeitgewässer ist das Baden, wie in den anderen Seen auch, auf eigene Gefahr gestattet.

Der Radweg nach Fischbach verläuft neben der L 478 und ist gut zum Ausrollen geeignet. Im Ort haben wir uns zum Abschluss der Tour die Einkehr im Landhaus Tausendschön redlich verdient. Am südlichen Ortsrand ist die große, weiße Madonnenstatue auf dem Hinzenfelsen ein Hingucker, ehe wir zum Start am Biosphärenhaus (P 1/Ziel) zurückkehren.

P1/Ziel
37.5 km
3h 10min

Fazit

Savoir-vivre. Eine Entdeckungsreise abseits des Trubels, die uns das Leben genießen lässt. Die Route verspricht bis auf wenige Anstiege sanftes Dahinrollen und ist auch für Familien geeignet, wenngleich einige Passagen auf Straßen verlaufen. Im Sommer an Badesachen denken.

Tour Tipps

- Landhaus Mischler, Gebüger Straße 2, 66996 Schönau (Pfalz), 06393/1425, www.landhaus-mischler.de
- P3 La Buvette, Etang du Fleckenstein, F-67510 Lembach, +33/388092514
- P4 Hotel Restaurant Au Cheval Blanc, 11 Rue Principale, F-67510 Niedersteinbach, +33/388095531, www.hotel-cheval-blanc.fr
- Hotel Restaurant Anthon, 40 Rue Principale, F-67510 Obersteinbach, +33/388095501, www.restaurant-anthon.fr
- P5 Ziegenkäserei Steinbach, 6 Rue Rohrmatt, F-67510 Obersteinbach, +33/388095742
- Hotel-Restaurant Rösselsquelle, Am Sägmühlweiher 1, 66996 Ludwigswinkel,
- P8 06393/250, www.roesselsquelle.de
- Gasthaus zum Landgrafen, Landgrafenstraße 22, 66996 Ludwigswinkel, 06393/405, www.zunlandgrafen.de
- Hotel Restaurant Blick zum Maimont, Landgrafenstraße 32, 66996 Ludwigswinkel, 06393/474, www.maimont.com
- Landhaus Tausendschön, Bitscher Straße 7a, 66996 Fischbach bei Dahn, 06393/5718, www.landhaus-tausendschoen.de

- Königsweiher, An der L 488, 66996 Schönau (Pfalz)
- Fleckensteiner Weiher, An der D 925, F-67510 Lembach
- Sägmühlweiher, Schöntalweiher und Mühlweiher, 66996 Ludwigswinkel

Ziegenkäserei Steinbach

Tour Download: **BT8X215** (für GPS-Geräte)

Startpunkte finden mit scan to go®

16 Hiwwe un Driwwe-Tour

Die Strecke verläuft mal in Deutschland, mal in Frankreich. Von Bundenthal geht es in die Nordvogesen nach Lembach und vorbei am Fleckensteiner Weiher zurück nach Deutschland. Die Kurzstrecke bietet eine Abkürzung über das Château du Fleckenstein.

Start/Ziel: Bahnhof Bundenthal-Rumbach, Hauptstraße, 76891 Bundenthal

N 49° 06' 08.9" E 7° 48' 22.7"

Anfahrt: B 10 Pirmasens – Landau bis Hinterweidenthal, B 427 über Dahn bis Kreisverkehr in Reichenbach folgen, 1. Ausfahrt abfahren und L 489 bis Bahnhof Bundenthal-Rumbach folgen

Parkplatz: Siehe Start/Ziel, Parkplatz am Bf. Bundenthal-Rumbach

Zug: Mai bis Okt. (nicht tägl.) Ausflugszüge Bundenthaler und Felsenland Express, Strecke Hinterweidenthal Ost-Bundenthal-Rumbach. Oder RB 55 Pirmasens – Landau bis Bf. Hinterweidenthal

Variante kurz:

28.1 km 2h 20min 625 ↑ ↓ 625

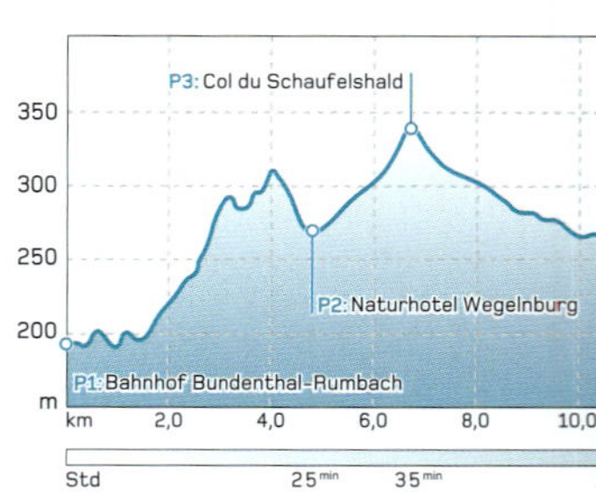

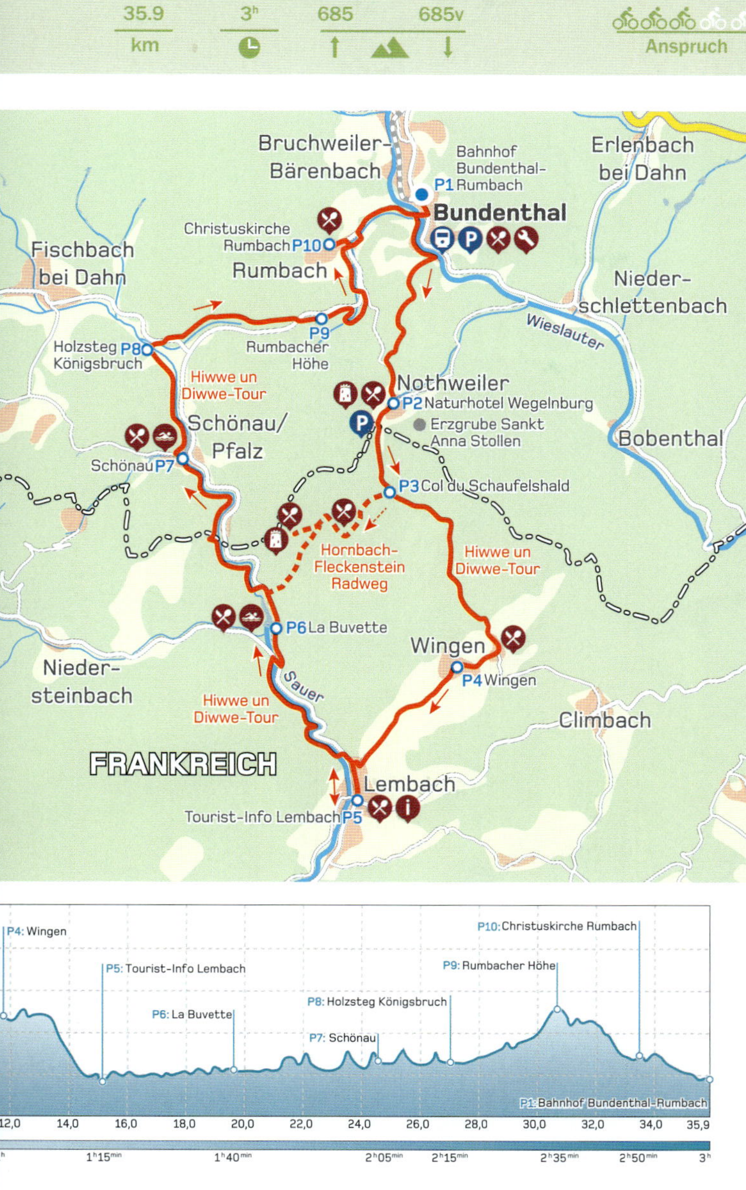

35.9
km
3h
685
685v
Anspruch
Bruchweiler-Bärenbach
Bahnhof Bundenthal-Rumbach
P1
Erlenbach bei Dahn
Bundenthal
Christuskirche Rumbach P10
Rumbach
Fischbach bei Dahn
Nieder-schlettenbach
Wieslauter
P9
Rumbacher Höhe
Holzsteg Königsbruch P8
Hiwwe un Diwwe-Tour
Nothweiler
P2 Naturhotel Wegelnburg
Erzgrube Sankt Anna Stollen
Schönau/Pfalz
Bobenthal
Schönau P7
P3 Col du Schaufelshald
Hornbach-Fleckenstein Radweg
Hiwwe un Diwwe-Tour
P6 La Buvette
Wingen
P4 Wingen
Nieder-steinbach
Sauer
Hiwwe un Diwwe-Tour
Climbach
FRANKREICH
Lembach
Tourist-Info Lembach P5
P4: Wingen
P5: Tourist-Info Lembach
P6: La Buvette
P7: Schönau
P8: Holzsteg Königsbruch
P9: Rumbacher Höhe
P10: Christuskirche Rumbach
P1: Bahnhof Bundenthal-Rumbach
12,0
14,0
16,0
18,0
20,0
22,0
24,0
26,0
28,0
30,0
32,0
34,0
35,9
1h
1h15min
1h40min
2h05min
2h15min
2h35min
2h50min
3h

Im Herzen Europas

Im Zuge der Erweiterung des grenzüberschreitenden Radwegenetzes entstand 2022 die deutsch-französische Hiwwe un Driwwe-Tour. Die Route startet am **Bahnhof Bundenthal-Rumbach (P 1)** mit einer ausrangierten Dampflok als Hingucker. Der Bahnhof ist die Endstation der Wieslauterbahn. Nach ein paar Metern treffen wir an einer Tankstelle neben einem Supermarkt auf die Hiwwe un Driwwe-Tour, der wir im Uhrzeigersinn folgen.

P1
Start

Zum Einrollen bleibt wenig Zeit. Am Ortsende von Bundenthal beginnt der erste Anstieg. Dafür kommt in dem einsamen Wald schnell Pfälzerwald-Feeling auf. Der Radweg führt über eine Hügelkuppe hinweg, auf der ein Wegkreuz ein nettes Fotomotiv bietet. Anschließend rollen wir neben der K 46 mit Blick auf Streuobstwiesen, Wald und Berge nach Nothweiler hinab. Der Ort blickt auf eine lange Bergbautradition zurück.

Von dem in der Ortsmitte gelegenen **Naturhotel Wegelnburg (P 2)** können wir einen Abstecher (Achtung: Nicht im Track aufgenommen, der Anstieg ist beschwerlich) zu dem Besucherbergwerk Eisenerzgrube Sankt Anna-Stollen unternehmen (Öffnungszeiten siehe www.nothweiler.de). Unter Tage gewinnt der Besucher auf dem 420 Meter langen Rundgang einen guten Eindruck von der harten Arbeit der Bergleute. Da jährlich ca. 500 Fledermäuse in dem Erzbergwerk überwintern, ist der Stollen nur von April bis Oktober für Besucher geöffnet.

P2
4.8 km
25 min

Zurück am Naturhotel Wegelnburg, erwartet uns die nächste Steigung. Am Ortsende von Nothweiler passieren wir die

Mit Gottes Segen

In Nothweiler

P3
6.7 km
35 min

deutsch-französische Grenze und kurbeln auf einem schmalen Sträßchen zum Bergsattel **Col du Schaufelshald (P 3)** hinauf, wo sich **Kurz-** und **Langstrecke** trennen.

Variante
kurz

Die ***Kurzstrecke*** *folgt dem Hornbach-Fleckenstein-Radweg zum Gimbelhof und zu der spektakulär gelegenen Burgruine Fleckenstein. Der Weg vom Gimbelhof zur Felsenburg ist jedoch speziell bei Nässe nicht jedermanns Sache (PS: Dieser Streckenabschnitt ist in* ***Tour 14*** *ausführlicher beschrieben). Von der Burgruine führt der Radweg hinab ins Sauertal, wo sich* ***Kurz-*** *und* ***Langstrecke*** *beim Fleckensteiner Weiher vereinen.*

P4
11.7 km
1 h

Auf der **Langstrecke** liegt eine herrliche Abfahrt vor uns. Das kurvenreiche Asphaltband schlängelt sich durch den Wald nach Petit-Wingen, ehe wir auf der D 503 das schmucke **Fachwerkdorf Wingen (P 4)** erreichen. Gegenüber dem Rathaus thront ein Storchenhorst auf einem Schornstein. Mit etwas Glück befindet sich Meister Adebar im Nest. Weiter geht es über freie Feld- und Wiesenflächen auf der D 503 nach Lembach, das im Talkessel am Zusammenfluss von Sauer und Heimbach liegt.

P5
15.1 km
1 h 15 min

Die Hiwwe un Driwwe-Tour streift den Ortsrand von Lembach. Es lohnt sich, einen Abstecher ins Ortszentrum mit der **Tourist-Info (P 5)**, drei Kirchen, einem Herrenhaus, vielen netten Fachwerkhäusern und dem Haute-Cuisine-Restaurant Cheval Blanc zu unternehmen. Und was gibt es Besseres, als in der Boulangerie-Pâtisserie von Dominique und André Bischung ein Kaffeeteilchen, ein paar Pralinen oder ein Sandwich und einen Café Crème zu genießen? Wir sind schließlich in Frankreich.

P6
19.7 km
1 h 40 min

Die Route quert am Ortsende von Lembach die Sauer und führt auf einem asphaltierten Radweg entlang des Flusses durch die Talaue. Nach ein paar Metern auf der D 3 und der D 925 erreichen wir den Fleckensteiner Weiher mit der Gaststätte **La Buvette (P 6)**. Der Badesee liegt eingerahmt von Wald und Hügeln im engen Tal der Sauer. Von der Liegewiese am Seeufer führt ein Holzsteg auf ein kleines Inselchen. Idylle pur (Im Sommer unbedingt an die Badesachen denken!).

In Wingen

Auf der D 503 nach Lembach

Gut erholt fahren wir weiter und treffen auf Höhe der Nordspitze des Fleckensteiner Weihers auf die Kurzstrecke, die von der Burgruine Fleckenstein ins Tal führt. Wir bleiben im Sauertal, wechseln die Flussseite und radeln auf dem herrlichen Radweg über die grüne Grenze nach Deutschland. Die Hiwwe un Driwwe-Tour streift Hirschthal, ehe wir in Schönau (P 7) zum nächsten Badesee gelangen.

P7
24.6 km
2h 05min

Der Ort verdankt seine Entwicklung der Verhüttung von Eisenerz und Nebengewerken wie der Köhlerei, Schmieden und Walzanlagen. Heute können wir uns kaum vorstellen, dass die Region einst das „Ruhrgebiet des Pfälzerwalds und der Vogesen“ war. Ihre Blütezeit erlebte die Schönauer Hüttenindustrie Mitte des 19. Jahrhunderts. Nach Konkurs und Stilllegung des Eisenhüttenwerks entwickelte sich Schönau vom Industriedorf zum Erholungsort. Das am Radweg gelegene, ehemalige Herrenhaus der Industriellenfamilie Gienanth ist ein verbliebenes Relikt aus der Zeit der Industrialisierung.

Anschließend rollen wir am Ortsrand von Schönau oberhalb des Königsweihers durch ein Wohngebiet und erreichen das Naturschutzgebiets Königsbruch. Zum Glück wurde hier kein Stausee gebaut, wie es Pläne der 1970er- und 1980er-Jahre vorsahen. Auf Höhe der Bildungs- und Freizeitstätte Heilsbach zweigt die Hiwwe- un Driwwe-Tour auf einen eigens angelegten, knapp 300 Meter langen Holzsteg (P 8) ab, auf dem wir das Feuchtbiotop durchqueren. Je nach Jahres- und Tageszeit sowie Lichteinfall herrscht eine andere, oft mystische Stimmung. Die Schilflandschaft mit einzelnen Birken und weidenden Pferden ist ein Highlight der Tour.

P8
27.0 km
2h 15min

Weiter geht es im sanft ansteigenden Rumbachtal auf die Rumbacher Höhe (P 9). Neben einer Sitzgruppe befindet sich am Rand des Radwegs ein renovierter Stundenstein. 1816 wurde die Pfalz dem Königreich Bayern angegliedert und im Zuge dessen das Straßennetz ausgebaut, Straßen neu vermessen und Entfernungssteine, die sogenannten Stundensteine, errichtet. Mit dem Wissen um die Entfernung in Postkutschenstunden rollen wir nach einer Verschnaufpause den Hang hinab nach Rumbach.

P9
30.6 km
2h 35min

Im Tal der Sauer

NSG Königsbruch

Am Königsweiher

Auf der Rumbacher Höhe

Christuskirche

P10
33.5 km
2h 50min

In dem Fachwerkdorf lohnt sich ein Abstecher zu der über 1000 Jahre alten **Christuskirche (P 10)**, einer romanischen Wehrkirche mit sehenswerten Fresken und Wandmalereien aus dem 13. Jahrhundert. Dass das Thema Dorferneuerung in Rumbach großgeschrieben wird, zeigt sich an vielen Ecken und führte zur Auszeichnung bei dem Wettbewerb „Unser Dorf hat Zukunft“. Mit dem Wirtshaus zum Salztrippler verfügt Rumbach zudem über eine vorzügliche Dorfwirtschaft.

Der Streckenabschnitt vom Königsbruch über die Rumbacher Höhe bis Bundenthal verläuft abschnittsweise auf einem Bahntrassenradweg. Von 1921 bis 1930 führte die Wasgenwaldbahn vom Bahnhof Bundenthal-Rumbach nach Ludwigswinkel. Heute wäre die Schmalspurbahn über die Rumbacher Höhe sicherlich eine nette Touristenattraktion.

In Bundenthal schließt sich der Kreis der Hiwwe un Driwwe-Tour. Ehe wir die Runde am **Bahnhof Bundenthal-Rumbach (P 1/Ziel)** beenden, können wir uns im Wasgau-Laden oder im Landhaus zur Krone stärken.

Fazit

Eine Genusstour, die pfälzische Gemütlichkeit und französische Lebensart beidseits der deutsch-französischen Grenze verbindet. Wegen einiger Anstiege ist man für ein Pedelec/E-Bike dankbar. Strandtuch und Badesachen nicht vergessen.

TourTipps

- Tourist-Info Lembach, 2 Route de Bitche, F-67510 Lembach, +33/388867145, www.alsace-verte.com

- Landgasthof Wieslautertal, Bahnhofstraße 10, 76891 Bundenthal, 06394/265, www.wieslautertal.de
- Landgasthaus zur Krone, Hauptstraße 98-100, 76891 Bundenthal, 06394/301, www.landgasthauszurkrone.de
- P2 Naturhotel Wegelnburg, Hauptstraße 15, 76891 Nothweiler, 06394/284, www.naturhotel-wegelnburg.de
- Gimbelhof, F-67510 Lembach, +33/388944358, www.gimbelhof.com
- Café des 4 Chateaux, Lieu-dit Fleckenstein, F-67510 Lembach, +33/388942852
- P4 Le Hohenbourg, 2 Rue des Châteaux Forts, F 67510-Petit Wingen, +33/388944244, www.lehohenbourg.eatbu.com
- Boulangerie Bischung, 9 Route de Bitche, F-67510 Lembach,
P5 +33/388942355, www.boulangeriebischung.com
- Restaurant Zum Griene Baam (A l'Arbre Vert), 2 Rue de Wingen, F-67510 Lembach, +33/388944256
- Le Cheval Blanc (Hotel mit Feinschmeckerrestaurant), 4 Route de Wissembourg, F-67510 Lembach, +33/388944186, www.cheval-blanc-lembach.fr
- P6 La Buvette, Etang du Fleckenstein, F-67510 Lembach, +33/388092514
- P7 Landhaus Mischler, Gebüger Straße 2, 66996 Schönau (Pfalz), 06393/1425, www.landhaus-mischler.de
- Wirtshaus zum Salztrippler, Ortsstraße 13, 76891 Rumbach, 06394/5258, www.zumsalztrippler.de

- Felsenland-Bike-Aktive, FBA-Cycling, Am Sonneneck 2, 76891 Bundenthal, 06394/9209474, www.fba-cycling.de

- Fleckensteiner Weiher, An der D 925, F-67510 Lembach
- Königsweiher, An der L 488, 66996 Schönau (Pfalz)

Tour Download: **BT8X116** (für GPS-Geräte)

Startpunkte finden mit scan to go®

EINFACH HIMMLISCH GEFÜHRT

Besitzer von GPS-Navigationsgeräten (Outdoor-Geräte oder Smartphones) kommen nie vom Weg ab und wissen immer, wo sie gerade sind: In allen Rad- und Wanderführern des ideemedia-Verlags finden Sie die Rad-, Wander- und Erlebnisrouten für Outdoor-Navigationsgeräte. Die Touren liegen im weit verbreiteten *gpx-Format vor.

Mit dem kostenlosen Programm BaseCamp von Garmin ist es möglich, die Tracks anzusehen, zu bearbeiten und direkt auf Garmin-Geräte zu laden. Dieses Programm kann auch ohne die zusätzlich zu kaufende Karte eingesetzt werden, bietet dann aber nur eine globale Karte ohne Details. BaseCamp läuft zudem auch auf Apple Computern. Alle anderen Hersteller von Outdoor-GPS-Geräten bieten ebenfalls kostenlose Programme an. Allerdings müssen Sie meistens auch eine digitale Karte erwerben, um den Track am PC und auf Outdoor-Geräten auf der Karte zu sehen. Für PC-Nutzer ist zudem die Software MagicMaps Tour Explorer empfehlenswert. In OpenStreetMaps oder Google Maps können die Daten mit Hilfe eines GPX Viewer angezeigt werden. Diese Kartenansicht können Sie für unterwegs zum persönlichen Gebrauch ausdrucken.

DIREKT ZUM PREMIUM-TRACK: SO FUNKTIONIERT ES

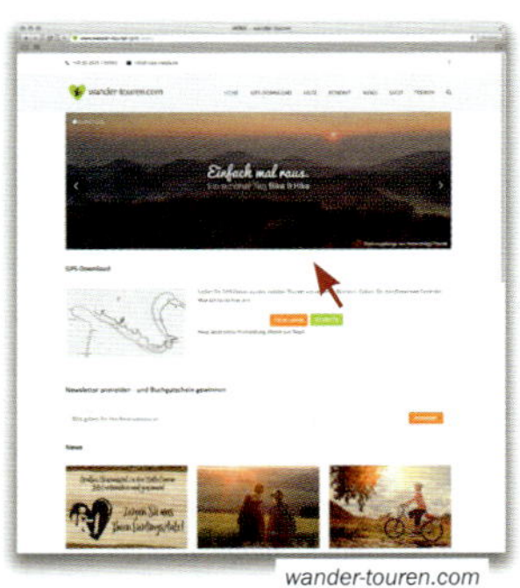

wander-touren.com

Zum Download der Routen benötigen Sie entsprechende Tour-Codes. Diese finden Sie jeweils am Ende der einzelnen Kapitel unter den TourTipps. Auf der Internetseite www.wander-touren.com geben Sie den Code ein. Eine gesonderte Anmeldung ist nicht erforderlich. Sie bestätigen mit der Downloadanfrage, dass Sie im Besitz des entsprechenden Buches (Print oder elektronisch) sind. Wenn Sie per Mail über Updates informiert werden möchten, melden Sie sich bitte unter www.wander-touren.com zum Newsletter an.

Sollte der eingesetzte Internet-Browser aus Sicherheitsgründen den Datendownload blockieren, lassen sich die Sicherheitseinstellungen vorübergehend verringern. Alternativ klicken Sie mit der rechten Maustaste auf den Button „Tour laden“ bzw. „Datei downloaden“ und öffnen ein neues Fenster (neuer Tab) zum Download.

GPX-DATEN AUF OUTDOOR-NAVIS LADEN

Als Buchbesitzer können Sie die Daten als Datei im weit verbreiteten *gpx-Format als Einzeltour laden und danach auf Ihrem PC ablegen. In einzelnen Fällen können die Daten hinter den Codes auch gebündelt als *.zip-Datei verpackt vorliegen, die Sie vor der weiteren Verwendung entpacken müssen.

Als Nächstes müssen Sie die heruntergelandene Tour auf Ihr Navigationsgerät übertragen. Für die meisten GPS-Outdoor-Geräte ziehen Sie einfach den Track von Ihrem Desktop nach Verbinden des GPS-Geräts mit dem Computer in das GPS-Verzeichnis Ihres Outdoor-Geräts, das Sie als Laufwerk auf dem Desktop sehen. Sollte Ihr GPS-Gerät ein besonderes Format verlangen, können Sie den Track mit der Software RouteConverter in fast jedes Format konvertieren. RouteConverter ist ein kostenloses GPS-Werkzeug, um Routen, Tracks und Wegpunkte anzuzeigen, zu bearbeiten und zu konvertieren. Es läuft sowohl auf PC als auch auf Apple Computern. Zur Übertragung der Tour-Daten können Sie auch die Ihrem Kartenprogramm oder Navigationsgerät beigelegte Software nutzen. Bei Problemen mit der Übertragung der Daten auf Ihr Navigationssystem wenden Sie sich bitte an den Hersteller.

ALLGEMEINE HINWEISE

Alle Daten wurden auf Fehlerfreiheit geprüft und werden bei Änderungen der Wegführung nach Verfügbarkeit aktualisiert. ideemedia übernimmt keine Haftung für mögliche Abweichungen, Vollständigkeit, Verfügbarkeit und Einsatz auf allen Navigations-Modellen. Sollte ein Gerät das Laden von *.gpx-Daten nicht ermöglichen, so wenden Sie sich in diesem Fall bitte an den Hersteller. Die Nutzung der Tour-Downloads ist nur Buchbesitzern zur privaten Verwendung gestattet, eine Weitergabe an Dritte sowie das Vervielfältigen auf Datenträgern jeder Art ist untersagt. Kommerzielle Nutzung ist nur nach schriftlicher Vereinbarung mit ideemedia gestattet. Idee, Konzeption und Daten sind urheberrechtlich geschützt. Die Daten enthalten einen Sicherheitscode und werden bis zu 36 Monate nach Ausgabetermin des Buches zur Verfügung gestellt. Eine Vervielfältigung zur Verteilung oder Verlinkung ist strikt untersagt und kann bei Missbrauch zu Schadenersatzforderungen führen.

PREMIUM-GPS: WAS IST DAS?

Im Gegensatz zu vielen anderen Anbietern im Print- und Online-Bereich greifen wir nicht auf die Standard-Daten von kostenlosen Internetportalen, privaten oder öffentlichen Anbietern zurück, sondern ermitteln die Daten vor Ort und aktualisieren diese im Regelfall, wenn uns gravierende Änderungen bekannt werden. Die Arbeit ist aufwendig und kostenintensiv, daher bitten wir um Verständnis, dass wir diese aufbereiteten Daten in vollem Umfang nur unseren Kunden zur Verfügung stellen.

GPS-DATEN VERARBEITEN: NICHT OHNE ÜBUNG

Trotz enormer Fortschritte in der Gerätebedienung ist es für Laien nicht völlig unkompliziert, die Daten richtig nutzen zu können. Da es sich bei den *.gpx-Daten um ein kostenfreies Zusatzangebot zu unseren Printprodukten handelt, können wir keine Unterstützung für GPS-Geräte, GPS-Software oder Kartengrundlagen leisten. Bitte wenden Sie sich dazu an Ihren Hersteller oder Lieferanten und arbeiten Sie sich gründlich in die Möglichkeiten der GPS-Nutzung ein. Verlassen Sie sich auch bei Ihren Touren nicht ausschließlich auf Ihr GPS-Gerät, Empfangsprobleme, Batterie- oder Softwareprobleme sind nicht unbekannt. Zudem könnten Sie Ihr Gerät unterwegs verlieren. Wir empfehlen deshalb aus Erfahrung die zusätzliche Mitnahme von Buch und Karten.

GPS FÜR SMARTPHONES

*.gpx-Daten auf ein Smartphone zu laden, funktioniert mit mehreren Apps sowohl für iPhones als auch für Android-Geräte. Unser Tipp: Testen Sie verschiedene Apps und prüfen Sie, mit welcher Software Ihr Gerät fehlerfrei arbeitet. Probleme kann es geben, wenn unterwegs Daten geladen werden müssen. Von Netzproblemen abgesehen, kann das zu hohen Kosten führen.

Eine ausführliche Erklärung zur Verwendung von unseren *.gpx-Daten auf einem Smartphone finden Sie unter: www.wander-touren.com. In der folgenden Kurzanleitung werden der Download und die Verabeitung unserer*.gpx-Daten auf einem iPhone 13 (IOS 16.3.1) unter der Verwendung der kostenlosen App „Komoot“ dargestellt. Andere Geräte, Betriebssysteme oder Apps können davon abweichen, das Prinzip bleibt dabei jedoch ähnlich.

Tourcode auf „www.wander-touren.com“ eingeben und den *.gpx-Track downloaden. Der Code befindet sich am Ende des jeweiligen Kapitels (Schritte 1-4).

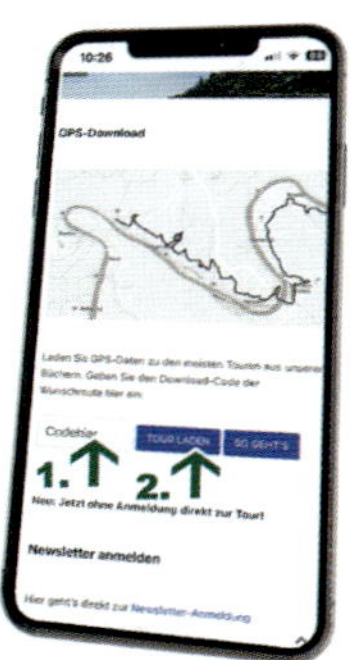

Die Datei wird in der Regel im Download-Ordner abgelegt. Durch Tippen auf den Pfiel in der Brwoser-Leiste dorthin navigieren (Schritt 5-6). Alternativ über das lokale Datenverwaltungssystem (bei iPhones die Apple-eigene App „Dateien“) die Downloads öffnen und die Datei suchen.

Anschließend durch langes Drücken auf das Icon/die Datei das Menü öffnen und die Option Teilen auswählen (Schritt 7-8). Neben den Möglichkeiten „via Mail“ oder „Nachricht“ findet man weiter rechts (über die Symbole wischen) auf dem Gerät installierte Apps, die zum Öffnen kompatibel sind. Durch Tippen auf das Symbol öffnet sich die App und beginnt mit dem Import des Tracks (Schritt 9).

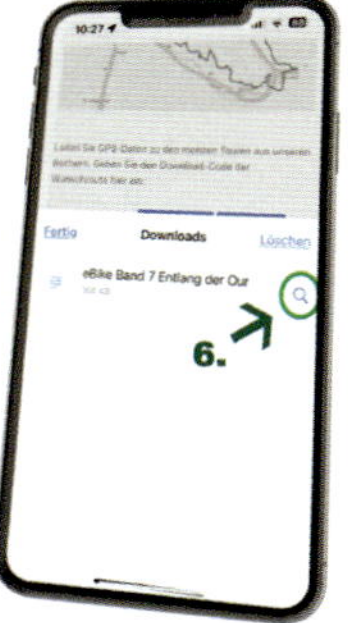

Da unsere Daten viele zusätzliche Punkte und Abstecher haben, muss die korrekte Darstellung ausgewählt werden (Schritt 10). „Komoot" gibt anschließend die Option, den Track an bekannte Wege anzupassen. Da unsere Daten vom Autor erfasst und laufend aktualisiert werden, empfehlen wir den Originalverlauf beizubehalten (Schritt 11). Die Route kann nun als zukünftige Tour gespeichert und anschließend auf der Karte angezeigt werden.

Prüfen Sie vor Antritt der Tour, ob die Daten korrekt angezeigt werden und Sie die Routenführung starten können. Vergleichen sie die Darstellung zur Sicherheit mit der Karte im Buch, um Fehler beim Verarbeiten oder in der App auszuschließen.

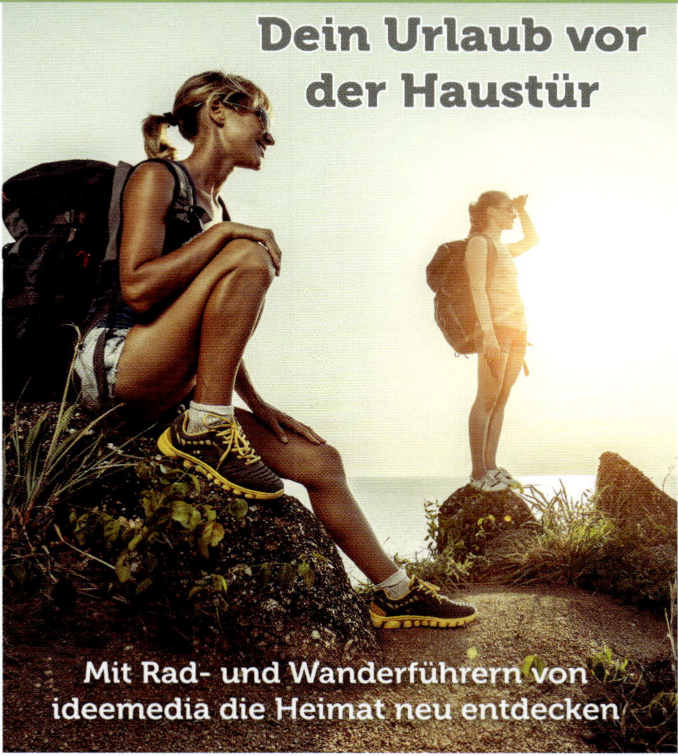

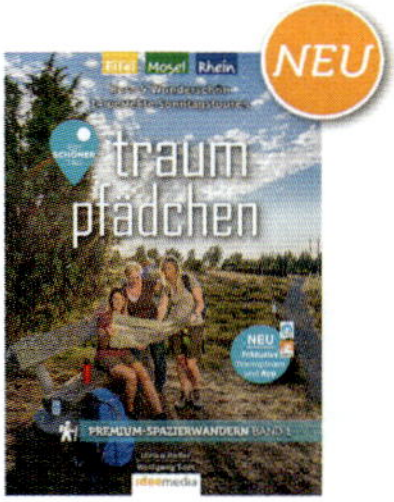

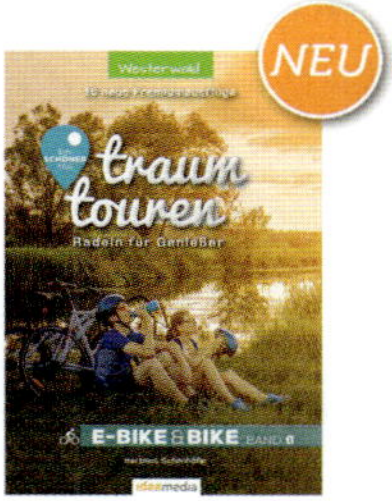

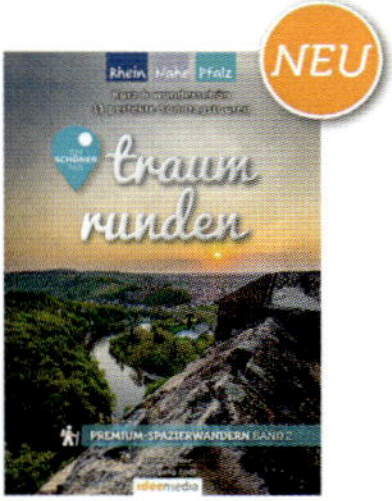

Überall im Buchhandel und online

ideemediashop.de

A

B

C

D

E

S

T

U

V

W

Z

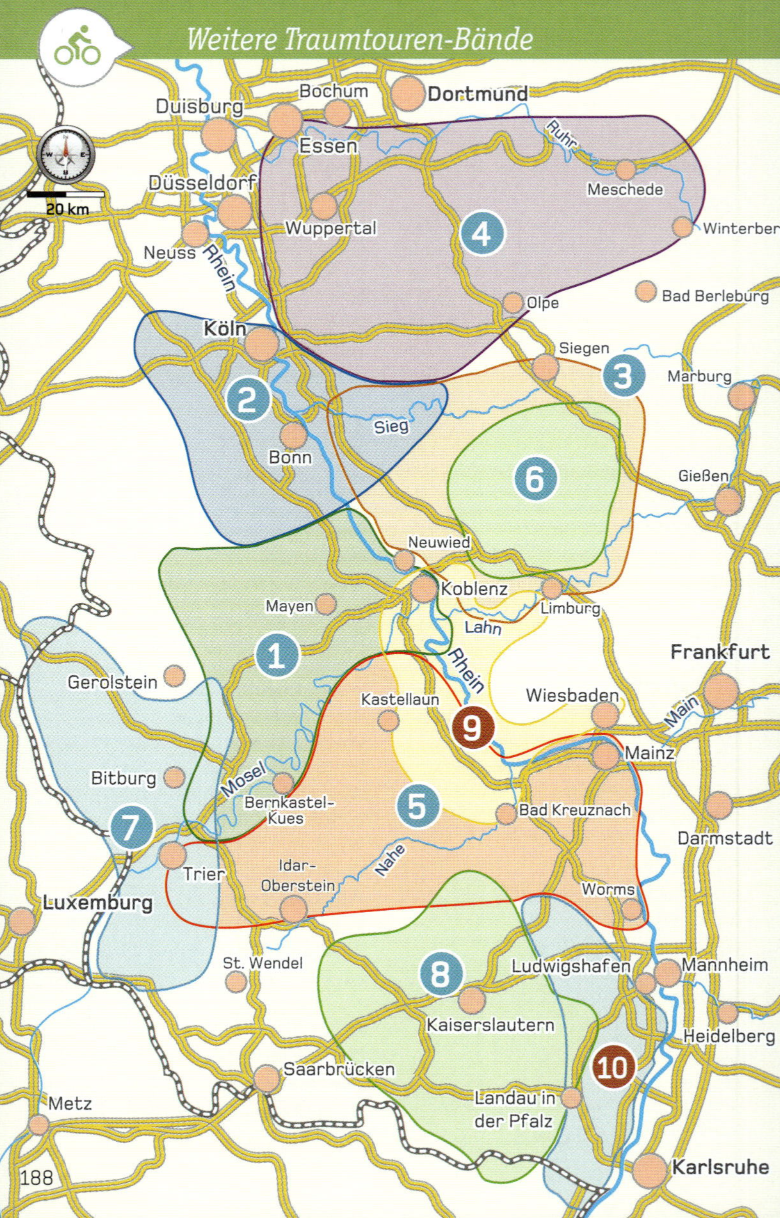

Dortmund
Bochum
Duisburg
Essen
Düsseldorf
Wuppertal
Neuss
Rhein
Ruhr
Meschede
Winterber
4
20 km
Olpe
Bad Berleburg
Köln
Siegen
3
Marburg
2
Sieg
Bonn
6
Gießen
Neuwied
Koblenz
Limburg
Mayen
Lahn
1
Rhein
Frankfurt
Gerolstein
Kastellaun
Wiesbaden
Main
9
Mainz
Bitburg
Mosel
Bernkastel-Kues
5
Bad Kreuznach
7
Darmstadt
Trier
Idar-Oberstein
Nahe
Worms
Luxemburg
St. Wendel
8
Ludwigshafen
Mannheim
Kaiserslautern
Heidelberg
10
Saarbrücken
Landau in der Pfalz
Metz
Karlsruhe

traumtouren 1

Rhein. Mosel. Eifel

traumtouren 5

Hunsrück. Nahe. Rheinhessen

traumtouren 2

Rheinland SÜD

traumtouren 6

Westerwald

traumtouren 3

Sieg. Westerwald. Lahn

traumtouren 7

Eifel. Mosel. Saar

traumtouren 4

Bergisches Land.
Ruhr. Sauerland

traumtouren 8

Pfalz WEST

2024 Traumtouren 9 Oberes Mittelrheintal/Rheingau

2024 Traumtouren 10 Pfalz OST

Immer auf dem neusten Stand mit unserem Newsletter unter: **www.wander-touren.com**

Touren und Varianten km

1	**Lauter-Odenbach-Runde**	Aufbruch in die Alte Welt	75.6
	Variante kurz (Lauter-Radweg)		34.2
2	**Nordpfälzer Höhenradweg**	Der Sonne entgegen	67.6
	Variante kurz (Start Wolfstein)		54.2
3	**Fritz-Wunderlich-Radweg**	Hier ist Musik drin	49.5
	Variante kurz		41.6
4	**Pfälzer-Land-Runde**	Pfälzer Krönung	100.0
	Variante kurz		72.6
5	**Saar-Pfalz Höhen- und Tälerrunde**	Im Reich der Blüten	51.8
6	**Pfälzer Seentour**	Von See zu See	63.4
	Variante kurz (Pfälzer Moortour)		22.2
7	**Elmsteiner Runde**	Typisch Pfalz	39.8
	Variante kurz		21.4
8	**Südwestpfalz-Runde**	Zwischen Wald und Wiesen	61.9
	Variante kurz		52.1
9	**Dynamikum-Radweg**	Uffbasse!	29.0
10	**Gräfensteiner Land**	Geschichte erfahren	51.2
11	**Burgentour**	Romantische Runde	48.9
	Variante kurz		41.2
12	**Seerosentour**	Sagenhafte Pfalz	30.2
	Variante kurz		25.3
13	**Raubrittertour**	Hans Trapp lässt grüßen	40.6
14	**Biosphärentour**	Natur pur	46.8
	Variante kurz (Biosphärentour)		35.7
15	**Freundschafts- und Schmuggler-Tour**	Grenzenlos genießen	37.5
16	**Hiwwe un Driwwe-Tour**	Im Herzen Europas	35.9
	Variante kurz		28.1

12km/h	Hm	Anspruch	Tipp
…h 20min	1000	🚲🚲🚲	Besser mit E-Bike, Navi
…h 50min	382/454	🚲🚲	–
…h 40min	1515	🚲🚲🚲🚲🚲	Besser mit E-Bike, Navi
…h 30min	1300	🚲🚲🚲🚲🚲	Besser mit E-Bike, Navi
…h 10min	915	🚲🚲🚲🚲	Besser mit E-Bike, Navi
…h 30min	710	🚲🚲🚲	–
…h 20min	1110	🚲🚲🚲🚲	Besser mit E-Bike, Navi
…h 05min	745	🚲🚲🚲🚲	Besser mit E-Bike, Navi
…h 20min	910	🚲🚲🚲🚲	Besser mit E-Bike, Navi
…h 15min	525	🚲🚲🚲	Badesachen, E-Bike, Navi
…h 50min	165	🚲	–
…h 25min	1110	🚲🚲🚲🚲	Badesachen, E-Bike, Navi
…h 45min	630	🚲🚲🚲	Badesachen, E-Bike, Navi
…h 10min	800	🚲🚲🚲🚲	Besser mit E-Bike, Navi
…h 20min	630	🚲🚲🚲	Besser mit E-Bike, Navi
…h 25min	635	🚲🚲🚲	Besser mit E-Bike, Navi
…h 15min	1085	🚲🚲🚲🚲	Besser mit E-Bike, Navi
…h 05min	900	🚲🚲🚲🚲	Besser mit E-Bike, Navi
…h 25min	780	🚲🚲🚲🚲	Besser mit E-Bike, Navi
…h 30min	540	🚲🚲🚲	Badesachen, Navi
…h 05min	425	🚲🚲	Badesachen, Navi
…h 25min	870	🚲🚲🚲🚲	Badesachen, E-Bike, Navi
…h 55min	970	🚲🚲🚲🚲🚲	Badesachen, E-Bike, Navi
3h	645	🚲🚲🚲🚲	Besser mit E-Bike, Navi
…h 10min	515	🚲🚲🚲	Badesachen, Navi
3h	685	🚲🚲🚲	Badesachen, E-Bike, Navi
…h 20min	625	🚲🚲🚲	Badesachen, E-Bike, Navi

Impressum

Herausgeber: Uwe Schöllkopf (ideemedia GmbH)
Autor: Hartmut Schönhöfer
Konzept & Redaktion: Uwe Schöllkopf
Redaktionelle Mitarbeit: Anna Ley
Grafik/DTP/Produktion: Dominik Molz
Karten & Höhenprofile: Dominik Molz | ideemedia GmbH

Verlag: ideemedia GmbH, Im Aubisch 1b, D-56567 Neuwied
Telefon: 02631/9996-0 • Telefax: 02631/9996-55 • E-Mail: info@idee-media.de
Internet: www.ideemediashop.de • www.wander-touren.com

Alle Angaben wurden nach bestem Wissen recherchiert und sorgfältig überprüft. Sollten sich dennoch Fehler eingeschlichen haben, bitten wir um Entschuldigung und Benachrichtigung. Für Fehler übernimmt der Verlag keine Haftung. Aktuelle Änderungen, Downloads und Updates zum Buch finden Sie unter www.wander-touren.com.

Die Deutsche Bibliothek – CIP – Einheitsaufnahme: ISBN 978-3-942779-62-3
Titelbild: Hartmut Schönhöfer
Fotos: Hartmut Schönhöfer

Autor

Hartmut Schönhöfer, Jahrgang 1964, ist in Coburg geboren und aufgewachsen. Berufliche Stationen als Marketing- und Handelsmanager führten den Diplom-Kaufmann quer durch Deutschland. Seit mehreren Jahren arbeitet der begeisterte Radfahrer mit Wohnsitz Bad Neuenahr-Ahrweiler als Autor und verbindet mit dem Schreiben von Radführern seine Leidenschaften für das Fotografieren, Reisen und Fahrradfahren.